马克思主义简明读本

人化的自然

丛书主编：韩喜平
本书著者：徐丽英

编 委 会：韩喜平　邵彦敏　吴宏政
　　　　　王为全　罗克全　张中国
　　　　　王　颖　石　英　里光年

吉林出版集团股份有限公司

图书在版编目（CIP）数据

人化的自然 / 徐丽英著. -- 长春：吉林出版集团股份有限公司，2013.9
（2021.2重印）
（马克思主义简明读本）

ISBN 978-7-5534-2586-3

Ⅰ.①人… Ⅱ.①徐… Ⅲ.①马克思主义—生态学—研究 Ⅳ.①A811.693

中国版本图书馆CIP数据核字(2013)第174650号

人 化 的 自 然
RENHUA DE ZIRAN

丛书主编：韩喜平
本书著者：徐丽英
项目策划：周海英　耿　宏
项目负责：周海英　耿　宏　宫志伟
责任编辑：陈　曲
出　　版：吉林出版集团股份有限公司
发　　行：吉林出版集团社科图书有限公司
电　　话：0431-81629720
印　　刷：永清县晔盛亚胶印有限公司
开　　本：710mm×960mm　1/16
字　　数：100千字
印　　张：12
版　　次：2013年9月第1版
印　　次：2021年2月第3次印刷
书　　号：ISBN 978-7-5534-2586-3
定　　价：36.00元

如发现印装质量问题，影响阅读，请与出版方联系调换。

序　言

　　习近平总书记指出，青年最富有朝气、最富有梦想，青年兴则国家兴，青年强则国家强。青年是民族的未来，"中国梦"是我们的，更是青年一代的，实现中华民族伟大复兴的"中国梦"需要依靠广大青年的不断努力。

　　要提高青年人的理论素养。理论是科学化、系统化、观念化的复杂知识体系，也是认识问题、分析问题、解决问题的思想方法和工作方法。青年正处于世界观、方法论形成的关键时期，特别是在知识爆炸、文化快餐消费盛行的今天，如果能够静下心来学习一点理论知识，对于提高他们分析问题、辨别是非的能力有着很大的帮助。

　　要提高青年人的政治理论素养。青年是祖国的未来，是社会主义的建设者和接班人。党的十八大报告指出，回首近代以来中国波澜壮阔的历史，展望中华民族充满希望的未来，我们得出一个坚定的结论——实现中华民族伟大复兴，必须坚定不移地走中国特色社会主义道路。要建立青年人对中国特色社会主义的道路自信、理论自信、制度自信，就必须要对他们进行马克思主义理论教育，特别是中国特色社会主义理论体系教育。

要提高青年人的创新能力。创新是推动民族进步和社会发展的不竭动力，培养青年人的创新能力是全社会的重要职责。但创新从来都是继承与发展的统一，它需要知识的积淀，需要理论素养的提升。马克思主义理论是人类社会最为重大的理论创新，系统地学习马克思主义理论有助于青年人创新能力的提升。

要培养青年人的远大志向。"一个民族只有拥有那些关注天空的人，这个民族才有希望。如果一个民族只是关心眼下脚下的事情，这个民族是没有未来的。"马克思主义是关注人类自由与解放的理论，是胸怀世界、关注人类的理论，青年人志存高远，奋发有为，应该学会用马克思主义理论武装自己，胸怀世界，关注人类。

正是基于以上几点考虑，我们编写了这套《马克思主义简明读本》系列丛书，以便更全面地展示马克思主义理论基础知识。希望青年朋友们通过学习，能够切实收到成效。

韩喜平

2013年8月

目　录

引　言 / 001

第一章　西方自然观的历史演变 / 003

第一节　远古时代的神话自然观 / 003

第二节　古代有机论的整体自然观 / 005

第三节　中世纪的宗教神学自然观 / 007

第四节　近代形而上学的机械论自然观 / 009

第五节　德国古典哲学的自然观 / 012

第二章　马克思人化自然观实现的超越 / 025

第一节　马克思人化自然观创立的条件 / 026

第二节　马克思人化自然观的发展历程 / 038

第三节　马克思人化自然观对旧自然观的超越 / 056

第四节　马克思人化自然观的理论地位 / 067

第三章　马克思人化自然观的基本内涵 / 075

第一节　马克思人化自然观的实践本质 / 075

第二节　马克思人化自然观的唯物论维度 / 082

第三节　马克思人化自然观的认识论维度 / 090

第四节　马克思人化自然观的历史观维度 / 101

第四章　马克思人化自然观的理论特征 / 108

第一节　马克思人化自然观的实践性 / 109

第二节　马克思人化自然观的辩证性 / 113

第三节　马克思人化自然观的现实性 / 117

第四节　马克思人化自然观的批判性 / 122

第五章　马克思人化自然观的当代价值 / 128

第一节　马克思人化自然观的时代反思 / 129

第二节　马克思人化自然观与中国现代化 / 141

参考文献 / 180

引　言

自然是人类的家园，绝不是"人类的菜园、动物园、金库、能源，它摆在我们手边，任我们消费、装点，愿意的话还可以将它撕成碎片"。我们每一个人都想诗意地栖居于自然，逍遥于天地，徜徉于山水。然而现代的工业文明却正将我们逐出家园。人们绝不会忘记世界性的污染公害事件，更不会忘记接连发生的一系列重大灾难，人与自然陷入严重对峙的局面已是一个不争的事实。

在社会财富不断增长、物质文化水平不断提高的进程中，人类付出的代价也是惨痛的。全球性问题的爆发，使人们愈来愈感到生存的困惑和艰难。站在哲学的角度上认真反思，我们不难发现，危及人类生存的生态危机、能源危机、文化危机等全球性问题实质上都是人与自然关系失衡的连锁反应和恶性循环。反思我们的自然观，努力寻求人与自然之间的和谐。马克思的自然观逐渐引起人们的重视，因此，重新"回到马克思"成为时代的呼声。

在马克思主义学说中，自然观占据着重要位置。马克思以人类实践为出发点，深入考察和分析了西方自然观的历史演变，在扬弃和改造以往自然观的基础上，揭示了人与自然关系的真实本质，从而在自然观上实现了哲学主题的重大转变。马克思自然观中蕴涵着丰富的人与自然协调可持续发展的思想先声和理论萌芽，他的许多合理思想已经超越了时代的局限，具有普遍的科学方法论意义。

在当代深入研究马克思的思想，有助于阐发其本真意蕴，为解决全球生态危机指明方向，为实践科学发展观，推进社会主义现代化建设，走可持续发展之路提供理论指导。在建设中国特色社会主义道路上，认真研究和贯彻马克思的实践的人化自然观，一定会加深我们对当代人与自然关系的理解。有了马克思实践的人化自然观这一科学的理论为指导，我们有信心通过我们的实践活动去缓解生态危机，应对和摆脱人类目前面临险象环生的生存环境，使中国的现代化建设沿着可持续发展的道路顺利进行，最终实现全面建成小康社会的宏伟目标，共建人类社会的美好和谐家园。

第一章　西方自然观的历史演变

第一节　远古时代的神话自然观

原始的宗教自然观，我们可以把它概述为"敬畏自然"的自然观，它以宗教神学的理论观点去解释自然，也可以称之为神学自然观。在原始社会，人类的生存条件极其恶劣，生产力落后，人类认识和利用自然的能力也很低下，人类虽然已经从自然中进化出来了，但是他们还不能够把自己和自然区分开，在许多方面与动物并没有什么太大的差别，和动物生活在一起，过着原始的茹毛饮血的生活。在与自然交往的过程中，先民们虽然逐渐学会了采集、狩猎等生存技能，并发现了火的获得与使用方法。但是总的来说，实践水平相当低下，认识能力也处于幼年阶段，对自然知之甚少，自然界也只是作为一种异己的、不可制服的、威力无限的力量与人相对立。人与自然的关系展开的范围还十分狭窄,所以远古时代人们还不可能正确解释诸如闪电雷鸣、火山地震、气候突变等令先民们感到扑朔迷离的复杂自然现象。这样,人类对自然的力量就有了很深的恐惧,认为自然现象是受到神的控制,因而就产生了对自然敬畏、崇拜的观念,这也就是我们所说的神话自然观。正如恩格斯所言:"由于自然力被人格化,最初的神产生了。"

这种自然观的最大特点,就是自然不是属人的,而是属神的,缺乏主客二分的明确理念。人们对自然的认识也只是纯粹动物式的意识,充满了万物有灵,物活论的神秘色彩。在世界各地都有关于自然的神话传说,尽管这些神话各具特色,来自不同的国家,但所说的神都是人格化的神。在那个充满神话的年代,人类对于人与自然的界限是非常模糊的,并没有把自己独立于万物之外,在他们的眼中,万物都是一样的,所有生物都是平等的,都受神的支配。马克思认为,这是一种"对自然界的一种纯粹动物式的意识",这个时候,人是自然的奴隶,处于服从地位,对自然力量是十分敬畏的。

在原始宗教自然观的驱使下,人类将自然现象人格化和神秘化,人们对自然的基本态度是信仰主义、神秘主义,甚至迷信活动，认为神是至高无上的，人为神而存在，一切行为几乎都表现人类对自然的顺从与敬畏。但是宗教自然观毕竟是落后的，是阶级压迫的产物。随着生产力和自然科学的发展，在生产活动中也流露出征服自然的一种渴望。宗教自然观的一些谬论逐渐被人们揭穿，宗教自然观走向破产，一种新的自然观即神学自然观逐渐萌生。马克思说："任何神话都是用想像和借助想像以征服自然力，支配自然力，把自然力加以形象化；因而，随着这些自然力之实际上被支配，神话也就消失了。"

第二节 古代有机论的整体自然观

在古代神话自然观演化过程中，孕育了古代有机整体自然观。随着生产力的发展，自然科学也有了很大的进步，人类对自然的认识能力和实践能力都有了更进一步的提高，对自然力量不再只是敬畏，而转为对自然的本来面目的探究。人们不再满足用神话来解释各种自然现象，试图通过揭示自然现象背后的本质来解释自然界的起源和演变。但是，由于古代主要是以血缘关系的交往方式为主的，那么相对应的思维方式也只是一种笼统的、有机的思维方式。这种思维方式是用经验现象来把握其他事物，但因自然界超出了人的直接经验范围，所以，人只能把自然看作是一个有机的生命体，用人类自身来把握自然。这也就决定了，这种思维方式指导下的自然观，只能是一种笼统的、有机的、整体的自然观。但这毕竟是人类对自然界认识的第一次理性的表达。

古希腊是人类文明的摇篮之一，古希腊的哲学家把自然界看作是可以认识的实体，并加以说明。从自然本身探究世界的本源反映了古希腊哲学家对宇宙生成问题的猜测。在古希腊哲学中，哲学家泰勒斯认为"水"是万物的原始基质，万物都是生于水，又复归于水的。泰勒斯还把自然看作是有生命的、能够活动和变化的，而且这一切都是离不开水的。德谟克利特认为"原子"是万物的本源。赫拉克利特认为，"火"是世界万物的原始基质，万物一直都处在变化之中，而且都不是什么神或人创造出来的，而是通过"火"的燃烧或熄灭的变化而得来的。古希腊哲学的集大成者亚里士多德认为"四因"是万物的本源，自然中的一切事物都是由形式和质料构成的，其中，形式是积极主动的，是一切运动的源泉；质料是消极被动的，只能是一种潜能，只有通过形式才能转为现实。

在他们看来，自然界的所有事物，都是在不断运动和变化的。而且，看到了自然界相互作用的不同方面，把它们的对立和统一看作是自然发展的动力，体现了朴素的辩证法特征。

总之，这种古代有机论的整体自然观，蕴含着一些有价值的思想。在古希腊哲学中，万物有灵论思想与探求自然本原两者是相互交织在一起的，正是两者的双向互动促进了古希腊有机整体自然观的发展与完善，其中折射出许多朴素唯物主义以及辩证法的思想。从自然本身出发去解释自然，脱离了对自然的盲目的崇拜，对自然观的发展具有一定的推动作用。但是，这种古代有机论的整体自然观的思想，认为自然界都充满着灵魂，有一个或几个"本原"。他们只是凭主观经验猜测世界的本原，缺少一定的科学依据，有着不可避免的局限性。

第三节　中世纪的宗教神学自然观

西方的中世纪形成了另一种自然观概念，即神学自然观。它最初是由基督教思想家发起的。到了中世纪，基督教神学迅速发展，并且一统天下，恩格斯指出："中世纪只知道一种意识形态,即宗教和神学。"甚至连罗马的皇帝也成为了基督徒,基督教也被定为罗马的国教。

  基督神学把上帝看成是万事万物的根源,是终极的存在,人和自然都是上帝所创造出来的。西罗马主教圣·奥古斯汀提出自然万物是上帝创造出来的,人也是由上帝所创造并由自然所供养。奥古斯汀宣称:"如果没有上帝,就是一根头发也不会从头上脱下来。"虽然人和自然都是上帝创造出来的,但是二者又有着很大的差别:人是上帝创造出来统治世间万物的,是主宰者,而自然则是处在和人相对应的地位上,是被统治者,是任人宰割的对象。在神学家托马斯·阿奎那看来,人是高于自然的,是自然的统治者,自然存在的意义就在于被人统治,而且"人怎么处置它们都不存在道义问题"。可见,在基督神学里,人类成为了大自然的统治者,自然界中的万事万物都是上帝创造出来为人类服务的,因此,人对大自然的统治是不需要条件的,是可以任意地支配自然万物为人所用的。

  中世纪也是欧洲历史上最黑暗的时代,前面已经说过这时的自然观概念是被套上了宗教的枷锁,宗教禁锢着经济、政治、文化以及科学的发展,欧洲文化的方方面面都为神学的发展而服务；同时中世纪的神学自然观是西方古代文化和近现代文化高峰间的低谷，也就是由一种基本的自然观向另一种基本的自然观的过渡形态，这个时期的自然观充斥着愚昧和野蛮。虔诚的基督徒认为神权高高凌驾于人权和自然力之上，其结果反而把上帝架空了，割断了它与自然万物的联系，从而在上帝的光环的掩护下展开了自然界独立自主运动。中世纪的这种宗教神学自然观，对人和自然的关系进行了歪曲，在这种宗教神学自然观的统治下，自然永远是最卑微的，永远是被人类征服的对象，任何对自然的探索都会被看作是没有意义的，是对全知、全能的上帝的不敬，只有圣经才是自然知识的来源。这种宗教神学自然观，误导人们去轻视自然，支配自然，对自然的客观实在性进行歪曲。在这种自然观的指导下，人类不可能正确地了解自然的规律，也不可能正确地进行改造自然的实践活动。这严重地阻碍了人类对自然的科学探索，阻碍了自然科学的发展。

第四节 近代形而上学的机械论自然观

15世纪至17世纪，一种建立在近代机械力学的基础上的自然观，即机械论自然观开始兴起。机械论自然观"从机械力学的观点看世界，他们相信自然万物像机器一样遵循着一定的秩序和规律运动着。认为世界是由运动着的物质粒子（原子）组成的。物质粒子是永恒的，即在物理学意义具有不可分性和不可毁灭性"。

随着人类历史进入到了近代社会，人类通过生产劳动，加强了对自然的认识和改造，这也唤起了人们改善生存条件的欲望，开始去寻找一种征服自然和统治自然的途径。在这一时期，人类相信，通过对自然规律的认识，人类是可以认识自然的，并且是可以支配自然，使其为人类生产财富，这也就逐渐形成了近代机械论的自然观。在柯林伍德看来，这种自然观把自然界看作是没有生命的，"是一架机器"，它只是被动地朝着一定的目标运行，而且，自然作为机器，还需要有人去控制它。此时，关于认识自然的方法成为了哲学研究的主题。歌德对这种僵化的机械自然观发出了气愤的声音："在这忧郁的、无神论的一片朦胧中……剩下来的只有亘古以来就在运动着的物质，而且只要靠这种向左向右一切方向的运动，就可以产生无穷无尽的存在现象来……但是我的内心仍然感到某种现象是完全自由的意志，同时又有某种企图平衡这种自由的力量。"

　　自弗兰西斯·培根开始,学者们从理论上来论证人可以认识和支配自然。培根倡导天与人分立的自然观,突出强调了人类对自然的控制。他认为,自然是能够被认识的,人是自然界的解释者,自然界中真正存在的事物,是按照一定规律运动着的个别的物体。他认为知识就是力量,人掌握了知识就相当于掌握了控制自然的力量。他创立了归纳的科学方法论,要求人通过有目的实验活动来揭示自然的规律,进而达到征服自然的目的。霍尔巴赫从机械论出发,认为自然界中的一切事物都是受到因果法则的支配,一切事物都是相互联系着的,都是从原因和结果中不断地产生出来的。在牛顿看来,自然界只是一个在外力的作用下,按照因果规律运动着的大机器,它必须服从于决定论的运动规律。那么,随着科学的发展和自然观的机械化,"对自然的征服和统治,成了现代世界的核心观念"。此外,笛卡儿提出的"我思故我在",康德提出的"人是目的"、"人是自然界的最高立法者"的这些口号,都强调了人的理性,强调了人是自然的主人,这都成为了人类大规模地支配自然和掠夺自然的思想根源。

　　近代机械论的自然观认为人是自然界的主人,强调人对自然的支配地位。在这种自然观的指导下，人类开始了对自然界的几近疯狂的掠夺，自然的价值也前所未有地被挖掘出来了，在资产阶级统治的这段时间里创造出来的生产力，甚至于比以往各类型社会所创造的全部都要多。但是，恩格斯认为，虽然取得征服自然的成功，创造出了巨大的生产力，征服了自然，但是，每一次"自然界都报复了我们"，可见，自然并不是可以被人类随意掠夺的。

近代机械论自然观的产生在当时具有一定的历史进步意义，对近代自然科学的发展起了巨大的推动作用；同时也具有一定的局限性，陷于机械化和僵化。它的产生为人们寻求新的自然观做了准备，因为机械论自然观把人类从神灵的枷锁中解救出来，并为人类提供了一整套观察和思考自然现象的方法。人们自信，人类从此可以运用科学的方法来认识和把握自然规律，自然能够为人类服务，从而人类可以控制和驾驭自然，成为自然界的主人。

第五节　德国古典哲学的自然观

在试图克服15世纪至17世纪的机械自然观的缺陷的基础

上产生了德国古典哲学的自然观。它对马克思人化自然观的形成具有重大影响。德国古典哲学家建立了一个宏伟的哲学体系，包含众多细致的分析、周密的概念、复杂的论辩和宏大的话语，体现着德国民族精神和启蒙运动精神的精华。其中，康德、黑格尔和费尔巴哈的思想对马克思的影响最深。

一、康德的先验形而上学认识观

在德国古典哲学中，康德以他在认识论上所实现的哥白尼式的革命，奠定了他在西方哲学史上的地位。康德对形而上学、道德、自由和自然的关系等问题的探索，促成西方哲学在近代的重大转折，使哲学研究进入一个全新的领域，具有重大意义。康德强调人的主体地位，主张人为自然立法，因此在人和自然的关系这一问题上，人们一直以来都对康德存在一定误解，认为他的思想助长了人类中心主义。事实上康德始终认为，人虽可以认识和改造自然，但其终究是自然的一部分，地位不可无限抬高。

康德认为人是自然的一部分，不可凌驾于其他自然物之上。康德将自然限定在人的经验所及的现象界，至于经验之外的"物自体"，则是人们所无法认识的。康德对自然科学研究具有极大的兴趣。康德提出了著名的天体演化的星云假说，还证明了原子的不可分割性和简单性与空间的无限可分割性并不矛盾。通过自然科学研究，康德意识到人和自然是一种依附关系，人是自然界的产物，是自然界不断发展演化的结果。作为自然存在者，人类与外界各种自然物有着密不可分的关系，和它们相比较而言，人类并不具有太多的优越性。对此，康德认为人们要想征服自然必须意识到："人对自己是如此之自信，乃至仅仅把自己视为上帝的安排的唯一目的，仿佛除了人自己之外，上帝的安排就没有任何别的着眼点，以便在对世界的统治中确立各种准则似的……我们是大自然的一部分，但却想成为整体。"

康德在自然观上引入了"合目的性"概念，认为自然的规律是由人的经验所赋予的，是"人为自然立法"。人是能动的主体，在人类活动中认识和改造自然。康德所处时代最重大的哲学问题，是西方近代以来凸显的自然和自由之间的紧张关系，是如何恢复理性的尊严与人类的独立价值。按照传统的观点，只有在人们的知识符合了认识对象的情况下，这种知识才会具有客观性。康德则提出，我们应模仿自然科学的变革，不再让知识去符合对象，而是让对象来符合知识。这种对知识与对象的相互关系的颠倒，便是哲学上的一场重大革命——"哥白尼革命"。"自然界的最高立法必须在我们心中，即在我们的理智中，而且我们必须不是通过经验，在自然界里去寻找自然界的普遍法则；而是反过来，根据自然界的普遍的合乎法则性，在存在于我们的感性和理智的经验的可能性的条件中去寻求自然界。"总之，是人类理性为自然立法，而不是自然为人类理性立法。但康德并不因此认为人可以随心所欲地对自然为所欲为。

康德认为人对自然的认识是有限的，自在之物不可知。康德一方面主张人是目的，另一方面又以自在之物限定人，认为作为现象基础的自在之物是不可知的，人无法穷尽对世界的认识。康德将自然限定在人的经验所及的现象里，至于经验之外的"物自体"，则是人们无法认识的。自在之物不同于我们肉眼所见的自然现象，不能独立自存，它的根在自在之物的深处，是指存在于我们之外又作用于我们的感官，从而给我们提供感觉材料的物。他对自在之物为什么不可知也作了详细而明确的回答。人们之所以不能认识自在之物，"因为我要知道的不是我关于一个物的概念里所包含的东西（因为那是属于它的逻辑上的东西），而是在物的实在性里加到这个概念上去,并且使物本身在我的概念以外的存在性上得到规定的东西"。在康德看来,知识同自在之物之间就永远存在着一条不可逾越的鸿沟。康德的这一观点使其自身陷入二元论的泥沼,在割裂自然整体性的同时,忽视了自然和人、社会的有机统一。其实,康德所认为的纯粹感性的自然现象是不存在的,人自身生活在其中的现象世界经过人们的社会实践的改造已被赋予了更多的含义,与自在之物并无明显分界。即使是康德所指的自在之物,人们也同样可以通过社会实践来认识。康德忽视了社会实践使人的认识从现象深入到本质,使自在之物向为我之物转化。

二、黑格尔的唯心主义辩证整体观

黑格尔是德国古典哲学集大成者,其哲学将古典哲学的基本思想发挥到了极致,可以被看作是整个哲学史的概括和总结,具有独特的思辨性、辩证性和体系性,使德国古典哲学的自然观在康德自然观的基础上又向前迈进了一步。在黑格尔所处的时代,自然科学中普遍存在着将各门科学分门别类进行独立研究的状态,以及只注重对经验,事实和实验进行考察的倾向。这种倾向导致了与自然科学密切相关的自然观的机械化。黑格尔花了大量的时间和精力研究当时的自然科学的成果，并进行了思辨性的总结。他企图以辩证的、思辨的自然哲学来克服当时自然观的机械化缺陷，并以这种辩证的自然观来指导当时已陷于困境的自然科学的研究。黑格尔在他的《自然哲学》一书中写道："自然必须看作是一种由各个阶段组成的体系，其中一个阶段是从另一个阶段必然产生的。"然而，黑格尔自然哲学的唯心主义实质和晦涩思辨的风格遭到了当时大多数自然科学家的厌恶和反对，因而，黑格尔的自然哲学并没能对当时的自然科学的发展产生大的影响。虽然如此，黑格尔自然哲学中所包含的合理而丰富的辩证法因素，这使得德国古典哲学的自然观在康德自然观的基础上又向前迈进了一步。

黑格尔断言，物自体是所有事物中最容易认识的，它就是没有任何特殊的质或量的规定性、空间或时间的规定性、物质或精神的规定性的存在。存在可以被创造，也可以转化，创造和转化的过程都是理念运动的过程。由此出发，黑格尔发展出了一个以绝对精神为核心的理念体系，对于他来说，自然中的变化以及自然的起源，都是这一绝对精神运动的结果。

黑格尔的自然哲学是一种唯心主义哲学。他发展了谢林的绝对同一性的思想，认为自然界是绝对理念产生出来的。自然界是客观有生命的，是绝对精神必然要经历的领域。不经过自然界的发展过程绝对精神就没有外在的丰富多彩的形态，就不能最终成为真正自由的精神。他为此打了比方："亚当在看到夏娃时曾说：'这是我肉中的肉，这是我骨中的骨。'精神具有亚当曾具有的这种确信，这样自然就是新娘，精神同她配偶。"与此相同，正是因为自然界始终贯穿着精神的运动，它才不是偶然性和杂乱无章事物的堆砌，才体现出一个由低级到高级辩证发展的过程。这个辩证发展的过程体现了必然性和偶然性的统一，"自然在其定在中没有表现出任何自由，而是表现出必然性和偶然性"。必然性是指概念的各个形成物的必然性及其在有机总体中的理性规定，它的作用在这里自不用言；偶然性则是指理念形成物的偶然性及不可规定的无规则状态，是必然性的外在表现形式，受必然性的支配。倘若否定了偶然性，便会把无限的、普遍的精神实体贬低为有限的、特殊的东西，自然的丰富性将会大打折扣。自然的辩证发展过程是理念与自然的矛盾运动过程。正因为引导自然界各个阶段向前发展的是理念，而理念的发展又是从它的直接性和外在性中回到自身的，一开始仅表现为一种潜在性，因此理念与自然之间实际展开着一场矛盾斗争，并最终推动力学、物理学和有机学的发展，从而将整个自然界呈现了出来。虽然黑格尔在论述的过程中，一些论断与当时和后来的科学理论相违背，例如他说"声音是观念的东西在它物的暴力下发出的控诉，但同样也是对这种暴力的胜利"。但毕竟是他用辩证法对自然作了一次最为系统的总结，这是后世自然辩证法的直接来源。

黑格尔还论述了人和自然之间的关系。如前文所述，黑格尔的自然哲学是一种唯心主义哲学，他认为自然界是从绝对理念中产生出来的。他明确指出："自然是作为他在形式中的理念产生出来的。"根据黑格尔观点，自然界是作为普遍原型的理念的外化形式，而人是其中最高的形式，只有人才能认识将自身外化为自然的绝对精神。因此，人们看到的自然是人的精神的外化形式。他认为，包括人在内的世界上所有动物也都是按照绝对精神的原型发展起来的，但生命愈是高级，愈是复杂，也愈具有特殊性。人便是动物机体发展的最高阶段，因此人的地位高于自然界的其他物种，人不仅可以认识自己，还可以借理念把握外界自然。当时社会流行两种对待自然的不同态度，黑格尔认为它们都是片面的。针对第一种只是从感性认识出发认识自然，听任事物自由存在、自生自灭的观点，黑格尔说，"连动物也不会像这种形而上学家那样愚蠢，因为动物会扑向事物，捕捉它们，抓住它们，把它们吞食掉"。而针对另一种把自然作为满足自身欲望和需要的手段，按照自己的方式处理自然、命令自然的观点，黑格尔则认为这种方式其实也并不能达到征服自然的目的。最好的方式是将两者相结合，大自然为人类提供必要的生存资料，而人类利用自然物发明工具、使用工具，用"自然"对付"自然"。当然，前提是遵守自然的客观规律。黑格尔认为人对自然界的毁灭是受人的欲望支配的："对自然的实践态度是由利己的欲望决定的、需求所企及的，是为我们的利益而利用自然，砍伐它，消磨它，一句话，毁灭它。"也就是说，追逐个人利益的欲望支配肆意掠夺自然的实践行为。而在对待自然界的理论态度上，黑格尔把自然界看成是主观的、属人的东西，"因为我们思考事物，我们就使它成为某种普遍的东西……我们把事物变成一种主观的东西，为我们所创造的东西，属于我们的东西，而且变成我们作为人所特有的东西，因为自然事物并不思考，也决不会表象或思想"。

总之，黑格尔在人和自然的关系上，认识到遵守自然客观规律的重要性，提倡人对自然的合理利用和改造，这些具有历史意义的创见，克服了15世纪至17世纪机械自然观的形而上学性，使近代自然观向前迈进了一大步。遗憾的是，所有这一切都是在黑格尔的理念中构建的，只存在于以绝对精神为核心的理念大厦中，只是一种抽象的思辨的表达，也就是说，黑格尔所理解的人化自然是一种理念化的自然。

三、费尔巴哈的抽象人本唯物观

驱散宗教神学和思辨哲学加在自然头上的阴霾，使自然摆脱从属于精神的附属地位，还自然以本来面貌，成了费尔巴哈哲学的重要任务。宗教和思辨唯心主义都不否认自然界的存在，但二者都否认自然界是不依赖于某种精神的独立存在。前者把这种精神称为上帝，后者称为绝对精神。费尔巴哈认为，应该将自然界和人作为哲学的最高研究对象。他指出："一切科学都必须以自然为基础。一门科学在它不能找到自己的自然基础之前，只不过是一种假说。"费尔巴哈在这里强调了自然在一切科学中的基础地位，他的这一观点相对于把自然看作是理念产物的黑格尔的彻底唯心主义自然观而言，是一个巨大进步。

　　费尔巴哈说："我的学说或观点可以用两个词来概括，这就是自然界和人。"对于自然，费尔巴哈坚持它的客观性、独立性和可感性。他明确提出近代哲学的任务，是将上帝现实化和人化，就是说，将神学转变为人本学，将神学溶解为人本学。他认为近代哲学的任务是研究现实的自然界和现实的人。"自然界从何而来呢？它是来自自身，它没有始端和终端"，"自然界绝不是什么被造物，绝不是被制作的或简直无中创有的事物，而是一个独立的、只由自己可以说明的、只从自己派生出来的东西"。这个独立体以光、电、磁性、空气、水、火、土、动物、植物和人等具体形式真实存在并为人所感知，它们从一开始就互有差别、各具特色。人是这个独立体中不可或缺的一环。从时间上来说，先有自然后有人，人不是自然的"异在"，而是自然的产物，"人产生自自然界这一问题，对于每一个稍微了解自然界的人来说，都是显而易见的，并且，都是直接地可靠的"。但人又是任何自然物所不能直接等同的，因为人是感觉主义的活生生的最高级阶段，可以感知世界上其他所有自然物，而自然界不能。

　　费尔巴哈用关于自然的真理去反抗神学，认为宗教神学是自然在人的头脑中的虚幻反映，而这种虚幻的反映显然是应该受到批判的。

只有把人和自然相联系起来，才能理解人和解释人；人也只有在与自然的联系中才能理解自己。费尔巴哈因此赋予作为人与自然直接沟通的要素感官以重大意义，把人对人的直接的、自然的男人与女人之间的关系，即两性关系看作是人的本质。这种情欲并不是上帝或者其他精神力量所赋予人的，而是人从自然所获得的。他认为只要指出人的情欲的存在，就可以证明人是自然的产物，是感性存在。而这就是人的本质。"人的最内密的本质不表现在'我思故我在'的命题中，而表现在'我欲故我在'的命题中"。

费尔巴哈的思想对于批判唯心主义和宗教神学起到了很大作用，对马克思人和自然关系思想的形成有着直接而深刻的启迪。但他仅仅把人看成是一个生物学和生理学上的实体，没有体悟到人对自然积极的、能动的反作用。他认为既然自然的一切都是在"内在联系"，即自然的内在必然性下进行的，那么自然的原因就应当在自然本身中寻找，人们对待自然现象，不能够使用任何"人的尺度"。可见费尔巴哈过分关注人和自然的纯粹性，看不到社会、历史、工业活动中形成的现实的人和自然，这决定了他对人和自然关系的理解必定片面、狭隘。本身存在着旧唯物主义的各种缺陷。

　　费尔巴哈的唯物主义自然观具有感性直观性，把人和自然都看作是直观的感性存在；费尔巴哈的唯物主义自然观还具有抽象性。虽然费尔巴哈提倡对自然和人的研究，并宣布："我的学说或观点可以用两个词来概括，这就是自然界和人。"但是由于他没有能够将自然当作人的感性活动来理解，没有理解自然和人的社会属性，因此，在他那里自然和人始终是抽象的。费尔巴哈的唯物主义自然观具有机械性。费尔巴哈在批判黑格尔的自然观的时候，将黑格尔自然观中的辩证法因素一并抛弃了，恩格斯就曾批判过费尔巴哈的这种将洗澡水和婴儿一起倒掉的错误做法。它对自然事物的直观性理解导致费尔巴哈忽视了事物之间的普遍联系，使他的自然观蒙上了浓厚的机械论色彩。

　　费尔巴哈在批判黑格尔唯心主义的自然观的过程中，坚持了唯物主义立场，主张按照事物的本来面貌来认识事物，这是自然观发展史上的又一进步。但是，费尔巴哈自然观所固有的感性直观性、抽象性、和机械性使它没能成为真正科学的自然观。费尔巴哈未完成的这一步，后来由马克思超越了。

第二章　马克思人化自然观实现的超越

马克思自然观是历史的产物，它的形成有着深厚的历史背景和文化底蕴。人类对自然的认识是一个历史过程，每一个时代的自然观都有合理成分，马克思自然观汲取其精华。自然科学的发展是马克思自然观形成的强有力的推动剂。现代科技的发展揭示了大自然的内在规律，特别是自然科学的"三大发现"让马克思看到一个有机的、整体的及运动着的自然界，为马克思自然观提供了科学基础。随着资本主义大工业的发展，人与自然的矛盾愈来愈严峻，已经危及到人类的生存，资本主义制度暴露出其局限性和暂时性，急需要新的、科学的自然观来指导社会生产生活；19世纪上半叶的工人运动也蓬勃发展起来，尤其是欧洲"三大工人运动"提出了人类解放的政治诉求，工人阶级迫切需要自己独立的理论来指导行动。在这种形势下，马克思自然观则应运而生。

第一节　马克思人化自然观创立的条件

任何理论都是时代的产物，马克思主义自然观当然也不可能例外。马克思主义自然观的生成，可以从15世纪末开始的世界地理大发现开始追寻现实依据。早在14世纪末15世纪初，资本主义的生产关系在西欧封建社会内部已开始孕育成长。美洲大陆的发现为新兴资产阶级开拓了新的活动场所，有利地促进了资本主义商品经济的发展，加快了资本主义生产关系取代封建生产关系的过程。

随着《马可·波罗游记》在欧洲流传，开辟了中西方直接联系和接触的新时代，也给中世纪的欧洲带来了新世纪的曙光，打开了欧洲的地理和心灵视野，掀起了一股东方热、中国流，尤其把中国看成是遍地黄金的人间天堂，所以到东方去实现黄金梦的人比比皆是，激发了欧洲人此后几个世纪的东方情结。许多人开始涌向东方，学习东方，以致欧洲经历了翻天覆地的变革。1453年，奥斯曼帝国的军队攻陷君士坦丁堡，控制了东西方之间的通商要道，结果使欧洲市场上的东方商品的价格猛涨。在这种情况下，欧洲商人很自然渴望另辟一条通向东方的商路。欧洲人凭借先进的技术、发达的商业和专制政府的支持，开始了一波又一波的探求抵达东方新通路的海上冒险。许多伟大的航海家，扬帆远航，探索世界。①

葡萄牙人最先探寻通往印度航路。早在1487年，巴托洛缪·迪亚斯就沿着非洲西海岸航行，大风使船舶连续13天不见陆地。当风力缓和下来时，迪亚斯让他的船向东方航行，在归途中他发现了非洲最南端的海角——"好望角"。在他之后葡萄牙人达·伽马继承了迪亚斯的远洋探险事业，1497年7月率领四艘海船从葡萄牙启航，终于绕过好望角，横渡印度洋，于次年5月到达印度西海岸的卡利卡特。这是人类历史上第一次完成从西欧绕非洲来到东方的航行，从而开创了东西方之间最短的海上航路。

当葡萄牙人沿着非洲海岸向印度探航时，西班牙的航海家却朝着另一个方向前进。1492年8月，哥伦布率领三艘帆船，从西班牙的巴罗斯启航，目的地是东方的中国、日本及印度。当然，哥伦布直到他去世为止也没有到达他想要到达

---

① 此节有关世界史实的论述引自《世界史近代史编》，北京高等教育出版社2001年版。

的目的地，不过，他却因此次远航使世界历史发生了重大的转折——意外发现了美洲新大陆，打开了新旧大陆之间不知经历了多少个世纪的闭塞。

麦哲伦在1519年9月20日从西班牙圣卢卡尔港出发，他的远征造就了一个空前的壮举。1520年3月31日抵达南美的巴塔哥尼亚，1521年11月8日驶抵香料岛（今马鲁古群岛），1522年9月6日回到西班牙圣卢卡尔港，这是人类史上第一次环绕全球一周的航行，历时三年。新航路的发现把世界上原来互相隔绝的地区沟通起来，可以说这是世界各地区之间联系加强的第一步。此后，欧洲和亚洲、非洲、美洲之间的贸易日益发展，世界市场扩大了。地理大发现和随之而来的世界市场的扩大，开阔了人类的眼界，改变了世界的面貌。

新航路的发现促进了世界动植物的大交流。移居到美洲的白人把旧世界的马、牛和羊以及小麦、燕麦、大麦、裸麦等农作物带到新世界；与此同时，美洲的特产如玉米、马铃薯、西红柿、番薯、花生、各种豆类以及南瓜等也流向世界各地。此外，美洲印第安人也向世界提供了两大经济作物——烟草和棉花。美洲产的几种药品，也在近代医疗中被广泛使用。

新航路的发现也促进了科学技术的进步和文化交流。由于航海需要解决许多实际问题，天文学、数学得到了很大的发展。到17世纪，科学的中心已从中世纪文化中心的德国和意大利北部，转移到得益于地理大发现的大西洋沿岸地区。这个时期全球文化交流也加强了。在新大陆，一方面白人在自己的词汇、文学、服装、医药中接受了印第安人文化的许多特点，甚至在栽种食用农作物方面也从印第安人那里学到许多东西；另一方面，西欧文化在新大陆基本上压倒了印第安人的文化。在世界其他地区，17世纪及18世纪早期，西方人学到中国的历史、艺术、哲学及政治制度时产生一种崇敬的心情，中国被尊为一切文明的典范。而到了1760年间，东西方文化交流显然比以前有了更大的进展。这时"西学东渐"和"东学西渐"都很明显。"东学西渐"是以深层次的哲学及文化为主要内容，而"西学东渐"则是以科学技术为主要内容，它们一起共同表征着世界上两个文明的交叉与交融。

新航路开辟后世界地区之间的经济联系也密切了，出现了全球性的经济关系。在1500年以前，阿拉伯和意大利的商人在亚欧大陆上从事地区贸易，货物主要是奢侈品——

香料、丝绸、宝石及香水。但是到18世纪后期，这种数量有限的奢侈品贸易已经发展为生活必需品的大宗贸易了，大西洋贸易尤其如此。美洲种植场生产的烟草、砂糖、咖啡及棉花等大部分产品销往欧洲，而种植场需要进口一切日常必需品，其中有粮食、鱼、布匹及金属用具，同时种植场也要求进口劳动力，所以就导致"三角贸易"的繁荣：从欧洲把甘蔗、酒、布匹、枪支及金属用具运往非洲，从非洲运奴隶到美洲，再从美洲把砂糖、烟草和白银运到欧洲，当然也从欧洲运日用必需品到美洲。东欧和西欧之间的贸易业也成为这个时期新兴的大宗全球贸易。西欧进口的是原材料，特别是粮食；波兰、匈牙利、俄国及巴尔干诸国则进口纺织品、武器、金属产品及殖民地商品。

新航路发现后全球的经济政治关系也发生了变化。西欧由于在南方控制了印度洋而包围了伊斯兰世界，这意味着全球均势的重大变化——西欧列强崛起了，这个新势力的活动场所是全球，而不仅仅是欧洲。从18世纪60年代开始，资本主义工业革命兴起，这场革命首先从英国开始。到了19世纪，工业革命逐渐地从英国蔓延到欧洲大陆，甚至扩散到世界的其他地区。当时，英国是世界上资本主义最发达的国家。工业革命已经进入完成阶段，大工业在生产的各个部门普遍地建立起来，生产有了很大的发展。正如马克思和恩格斯所指出的，由于工业革命，"资产阶级在它的不到一百年的阶级统治中所创造的生产力，比过去一切世代创造的全部生产力还要多，还要大。自然力的征服，机器的采用，化学在工业和农业中的应用，轮船的行驶，铁路的通行，电报的使用，整个整个大陆的开垦，河川的通航，仿佛用法术从地下呼唤出来的大量人口——过去哪一个世纪料想到在社会劳动里蕴藏有这样的生产力呢？"[①] "资产阶级的生产关系和交换关系，资产阶级的所有制关系，这个曾经仿佛用法术创造了如此庞大的生产资料和交换手段的现代资产阶级社会，现在像一个魔术师一样不用再支配自己用法术呼唤出来的魔鬼了"。

　　生产力的这种巨大发展，生产方式的巨大变革，推进了近现代文明的发展。与此同时其自身又产生了无法克服的矛盾，资本主义制度下生产力同生产关系的矛盾开始发展、激化，突出表现就是周期性爆发的生产过剩危机。此后于1836年和1847年又相继爆发了波及欧洲各主要资本主义国家的经

[①]《马克思恩格斯选集》第1卷，人民出版社1995年版，第277页。

济危机。每一次危机的爆发，都给资本主义世界造成了巨大的破坏。经济危机的爆发，表明资本主义制度所固有的生产社会化同生产资料资本家私人占有之间的矛盾对抗性，暴露出资本主义生产关系既为生产力进一步发展的桎梏，同时又引发并加剧了资本主义制度下工人阶级与资本家阶级之间的阶级矛盾、阶级对立和阶级斗争。

资本主义固有矛盾预示着未来社会革命的性质和历史发展方向，这为马克思主义的诞生提供了经济社会的条件和基础。在这个时期，汹涌澎湃的改革运动和革命运动的浪潮席卷着欧洲和北美洲。1832年与1867年，英国进行了两次有关议会和选举的改革，以适应工业革命以后社会的变化，刷新了政治制度，完成了工业资产阶级争取参加政权的斗争，使贵族地主的势力降低。1861年3月，为适应新的经济关系，俄国沙皇宣布废除封建农奴制，实现农民人身自由。又对政治上层建筑作了局部调整。这些改革促进了俄国资本主义的发展。与此同时，德国、意大利也都实现了全国统一。而远在北美洲的美国则以内战的形式废除了奴隶制。在日本，从1868年开始的"明治维新"实施了一系列改革措施，促使日本社会形态的更替，由落后的封建历史发展阶段过渡到资本主义的阶段，并在这个基础上使日本仅用半个世纪的时间就发展成为先进的资本主义国家。资本主义经济是开放性经济，它是以世界为活动舞台的。如果不掠夺海外，不掠夺全世界，资本主义是无从发展的。在当时世界上的主要国家中，资产阶级掌握了政权，大大加速了这些国家的资本主义制度的确立和资本主义的发展，进而为进一步促进世界各地区之间联系的加强奠定了基础和提供了前提条件。

"大工业发达的国家也（或多或少）影响着非工业国家，因为非工业国家由于世界贸易而被卷入普遍竞争的斗争中"。众所周知，到19世纪中叶，英国已经发展成为"世界工厂"，它的工业品在世界大多数国家畅销，在西欧列强中拥有的殖民地也最多，并且其殖民地在所处位置上遍及东、西半球，因而有"日不落帝国"之称。这样在客观上就使这时期亚、非、拉美诸国在不同程度上都成了英国的商品销售市场和原料供应地。换言之，世界上已经形成了以英国为中心的世界市场。

"美洲的发现，绕过非洲的航行，给新兴的资产阶级开辟了新天地。东印度和中国的市场、美洲的殖民化、对殖民地的贸易、交换手段和一般商品的增加，使商业、航海业和工业空前高涨，因而使正在崩溃的封建社会内部的革命因素迅速发展。以前那种封建的或行会的工业经营方式已经不能满足随着新市场的出现而增加的需求了。工场手工业代替了这种经营方式。行会师傅被工业的中间等级排挤掉了；各种行业组织之间的分工随着各个作坊内部的分工的出现而消失了。但是，市场总是在扩大，需求总是在增加。甚至工场手工业也不再能满足需要了。于是，蒸汽机和机器引起了工业生产的革命。现代大工业代替了工场手工业；工业中的百万富翁，一支一支产业大军的首领，现代资产者，代替了工业的中间等级……世界市场使商业、航海业和陆路和交通得到了巨大的发展……随着工业、商业、航海业和铁路的扩展，资产阶级也在同一程度上得到发展，增加自己的资本，把中世纪遗留下来的一切阶级排挤到后面去"①。

世界历史的形成和资本的全球化极大地改变了世界的面貌，加强了地区之间的联系，推动了人们之间的普遍交往的建立。到了这时，也只有这时，"世界历史性的个人"将在全球化的视域中发现"无产阶级只有在世界历史意义上才能存在，就像它的事业——共产主义一般只有作为'世界历

---

① 《马克思恩格斯选集》第1卷，人民出版社1995年版，第273—274页。

史性的'存在才有可能实现一样"。而这就意味着,站在世界历史与资本全球化面前,关于意识的空话终止了,"描述人们实践活动和实际发展过程的真正的实证科学"真正开始了。

马克思自然观创立之前的近代唯物主义自然观多为机械自然观,这与当时自然科学发展状况与水平密切相关。在18世纪下半叶之前,自然科学是处在一种收集经验材料的阶段,人们把大自然活生生地割裂开,分门别类地观察、实验、分析自然对象,把自然界事物和过程孤立起来加以研究,再加上牛顿力学的作用,从而产生了机械自然观。到了19世纪,自然科学研究开始转向整理这些收集来的材料,并且进行理论概括。并且在化学、生物学、物理学等多个自然科学领域产生了一系列具有革命性的发现,使得从整体性方面考察自然成为可能,也能够揭示出自然界的普通联系和发展的辩证性质,从而马克思的实践的辩证的唯物主义自然观的创立成为历史的必然。

随着资本主义制度的确立,大工业又"通过普遍的竞争迫使所有人的全部精力极度紧张起来。只要可能,它就消灭意识形态、宗教、道德等,而当它不能做到这一点时,它就把它们变成赤裸裸的谎言。它首次开创了世界历史，因为它使每个文明国家以及这些国家中的每一个人的需要的满足都依赖于整个世界，因为它消灭了以往自然形成的各国的孤立状态。它使自然科学从属于资本，并使分工丧失了自然性质的最后一点痕迹。它把自然形成的关系一概消灭掉（只要这一点在劳动范围内可能做到的话）；它把这些关系变成金钱的关系。它建立了现代化大工业城市（它们像闪电般迅速地成长起来）来代替从前自然成长起来的城市。凡是它所渗入的地方，它就破坏了手工业和工业的一切旧阶段。它使商业城市最终战胜了乡村……大工业到处造成了社会各阶级间大致相同的关系，从而消灭了各民族的特殊性"[1]。

随着世界历史的形成和资本主义走向全球化，在19世纪初，欧洲社会对自然界的大规模利用和自然科学的快速发展是两个非常突出的方面。一方面，从18世纪末到19世纪40年代，人们对大自然的开采和利用仍然是以营利为直接目的，从不考虑长远后果，因此，这种对大自然资源的掠夺可以说是肆无忌惮的，它导致的恶果在当时就初见端倪。正如恩格斯指出的，当个别的资本家为着直接利润去进行生产和交换

---

[1]《马克思恩格斯全集》第3卷，人民出版社2002年版，第68页。

时，他首先只能注意到最近的、最直接的结果……这些行为的自然方面的影响也同样如此。资本家在利用自然时根本不会考虑他们的行为对自然所造成的长远负面影响。资本家掠夺自然资源的行为导致了自然资源储存量的急剧减少、自然环境的急剧破坏以及人与自然关系的急剧恶化。因此在19世纪40年代，需要一种科学的自然观来指导人们对自然资源的利用。另一方面，自然科学的发展也面临困境。当时的自然科学以形而上学的机械自然观为指导，机械自然观主张自然科学各部门进行分门别类的研究。而自然科学的快速发展要求人们将各个研究领域联系起来，加以系统考察。这就需要一种全新的自然观来指导当时自然科学的研究。

同时19世纪上半叶欧洲自然科学的研究成果与哲学自然观为马克思人化自然观的创立提供了丰富的思想资源。就自然科学方面看，从18世纪后半期开始，已由收集材料的阶段进入整理材料的阶段，由研究既成事物的科学变成研究发展过程的科学。星云假说、地质学、胚胎学、生理学、有机化学等相继出现。到了19世纪40年代，自然科学上的三大发现为马克思人化自然观的创立提供了科学依据。"三大发现"是指罗伯特·迈尔和詹姆斯·焦耳等人发现的能量守恒和转化定律、德国植物学家施莱登提出的细胞学说以及达尔文发现的进化论。这三大发现说明了自然事物的辩证发展历程,为马克思人化自然观的创立提供了科学的依据。就社会学说方面看,19世纪上半叶欧洲的哲学自然观为马克思人化自然观的创立提供了丰富的思想养分。尤其是德国古典哲学的自然观,它既包含了辩证法及唯物主义思想,又蕴含着自然人化的思想。马克思对这些思想资源进行了批判、继承和发展,为创立人化自然观奠定了基础。

综上所述,世界市场的形成和资本全球化,以及18世纪末至19世纪欧洲社会在经济、政治、文化等方面都发生翻天覆地的变化。这些变化要求一种新的自然观来指导人们处理好人与自然的关系。同时自然科学的发展和德国古典哲学的自然观则为马克思人化自然观形成提供了思想资源。以上这些因素构成了马克思人化自然观形成的时代条件。

第二节 马克思人化自然观的发展历程

马克思彻底批判黑格尔和修正费尔巴哈,将科学的实践唯物主义贯穿到人与自然关系中,构建了处理人与自然关系的框架，形成了科学的人化自然观。

一、理论探索

从中学时代开始马克思就对自然哲学就产生浓厚的兴趣。他指出在大自然强大威力下人与动物的异同。在中学毕业论文《青年在选择职业时的考虑》和博士论文《德谟克利特的自然哲学和伊壁鸠鲁的自然哲学的差别》中，马克思从不同的角度对人与自然之间的关系进行了分析。马克思在他的中学毕业论文中最先提到了自然概念。后来，他在博士论文中考察了德谟克利特的自然哲学和伊壁鸠鲁的自然哲学的差别。通过这种考察，马克思走上了探索自然之谜的路途。

在他的中学作文《青年在选择职业时的考虑》中，他认为人与动物完全不同，人是比动物优越的，因为人具有主观能动性。自然对动物的活动范围进行了规定，而动物也并不想去超出这个范围，在自然规定的范围内活动，一直很安分；而自然对人的要求则是让人努力变得高尚，因为这是神对人的要求，神要求人找到一个"最能使他和社会得到提高的地位"。

马克思在学生时代就开始关注人和人性的发展，在《青年选择职业时的考虑》中，初步涉及到人的"人化"，他写道："人类天性本来就是这样的：人们只有为同时代人的完美、为他们的幸福而工作，才能使自己也达到完美。"他强调人在社会中通过努力去不断地"人化"，因此，他在选择职业时，把"人类的幸福和我们自身的完美"作为自己终身奋斗的目标。尽管那时候马克思为人类的伟大事业做贡献的人生志向有点理想主义色彩，但他在讨论自然面前人与动物的区别的基础上强调人的主观自由性，正是马克思对人化命题研究的萌芽之初。虽然这时他的思想还不很成熟，也没有高深的哲理，但却闪现着马克思智慧的火花。

经过大学的学习生活，青年马克思开始着手写他的博士论文《德谟克利特的自然哲学和伊壁鸠鲁的自然哲学的差别》。马克思在他的博士论文中系统地考察了德谟克利特和伊壁鸠鲁的自然哲学，并将二者进行比较研究。同时，马克思也形成了自己的一些关于自然的观念，可以将它们看作是马克思自然观的萌芽。

马克思充分肯定了伊壁鸠鲁的心灵绝对自由观，同时又突破伊壁鸠鲁的空想，成为一个现实的"普罗米修斯"。他对伊壁鸠鲁的"原子脱离直线而偏斜"作了极高的评价，传统观点认为伊壁鸠鲁的原子论是对德谟克利特原子论的模仿，并无创新之处。但马克思将二者进行了深入的分析比较，驳斥了前人对伊壁鸠鲁哲学的错误定位。他论证了德谟克利特的自然哲学与伊壁鸠鲁的自然哲学方面的差别，认为伊壁鸠鲁用原子脱离直线作偏斜运动的思想是对德谟克利特机械论的突破，从自然的视角说明个人的意志自由、个性和独特性。自我意识不仅仅有其客观性，还包含着个体性和独立性，是自由的自我意识。并且，这种自我意识不是抽象的，而是感性的、经验的。原子的自由揭示了自我意识的自由，而自我意识的自由则进一步预示着人的自由。

尽管马克思肯定了伊壁鸠鲁原子脱离直线作偏斜运动思想的积极意义。但是马克思并不赞成那种将自由直接理解为脱离现实世界的心灵绝对自由观，而是认为不应该将人同外界自然绝对对立来实现自由。因此，在马克思看来，人是来自于自然界的，但是必须脱离自然界的桎梏，方能称为"人"，而且还必须与他人发生对象性关系才能算上真正的存在，"所以一个人，只有同他发生关系的另一个人不是一个不同于他的存在，而他本身，即使还不是精神，也是一个个别的人时，这个人才不再是自然的产物"。人之所以成为人，而不再是自然的产物，就必然要打破相对定在对他的支配。这种相对定在是作为自然本能的欲望和其他一切纯粹自然的力量，当人还受着这些自然力量支配的时候，人与自然的关系是一种直接同一的关系，人还没有成为真正的人；只有通过自我否定最终否定了同他物的一切关系，真正的人才得以实现。一句话，人是作为具有自由的自我意识的存在物而存在的，人之所以为人，因为人是自由的。

　　在这个时期，马克思的世界观还是唯心主义的，依然深受黑格尔唯心主义影响的，在一定程度上过分强调精神自由活动在脱离自然人方面的作用。他此时首次将关注点集中到人同自然的关系中，认为人的本质就是精神自由和独立，是不受外界的权威所支配的，但人又受自然的制约，所以他一直在探索的是怎样使自然意义的人提升到社会意义的人。在这一时期，马克思初步探讨了人的发展和人与自然的辩证关系，将意志自由与客观实在联系起来考察，不过他还是没有摆脱黑格尔的唯心主义束缚。当然，正是这段时期的探索为他后来在《1844年经济学哲学手稿》中人化自然概念的提出以及之后人化自然观的形成作了很好的铺垫。

二、理论构建

马克思批判黑格尔的唯心主义自然观和费尔巴哈的人本主义自然观,开始建构他的人化自然思想。这一时期,马克思的主要代表作是《1844年经济学哲学手稿》(以下简称《手稿》)。在《手稿》中,马克思逐步地远离了唯心主义,看到了人与自然的现实的对象性关系,实现了由唯心主义向唯物主义的转变。

马克思对黑格尔的思想既有肯定也有批判。黑格尔认为世界的本原是精神,自然界只是精神的外化,人的本质也是精神,是脱离了主体的抽象精神。黑格尔把人的自我产生理解成是一个过程,"理解为他自己的劳动的结果"。马克思对此进行了肯定,认为黑格尔已经看到了劳动的本质。同时,马克思也对黑格尔进行了批判,认为黑格尔虽然把人与自然的关系看成是一个发展的过程,强调了劳动的作用,但黑格尔的自然观是唯心主义的,把世界的本原归结为精神,那么他所承认的劳动就只能是一种抽象精神的劳动,而不是现实的人的劳动,这就脱离了人与自然关系的现实基础。

马克思在对费尔巴哈的思想进行赞扬的同时,也进行了批判。费尔巴哈把自然作为自身的基础，马克思赞成费尔巴哈的这个观点，认为抽象思维和绝对观念都是无，只有自然才是自身的基础。费尔巴哈又从"感性确定性的东西"出发对黑格尔进行了批判，使主体由抽象的人，变为现实的个人。在《手稿》中，马克思认为，费尔巴哈是唯一一个对黑格尔的辩证法进行批判的人，认为"他真正克服了旧哲学"。同时马克思认为费尔巴哈并没有真正地理解黑格尔哲学中的辩证法思想：费尔巴哈虽然承认自然的客观实在性，而且把自然界看作是独立存在的客观物质，不依赖于任何精神，但是他却没有看到人的主观能动性，没有看到人对自然的作用。

马克思通过对黑格尔和费尔巴哈的自然观的批判与继承，进一步揭示了人与自然统一的现实基础，并表达了关于人与自然关系的一些重要思想。马克思认为，人与自然是对象性关系，对象性关系是普遍存在的，每个存在物都有着自己的对象，而且每个存在物也都是其他物的对象。一个存在物如果在自身之外没有对象，那么它就不是对象性的存在物，因为"非对象性的存在物是非存在物"，可见，对象性关系是普遍存在的。人作为自然界长期发展的产物，是一种自然存在物，其生存和发展又是不能离开自然的，因此，自然界是人的对象性存在。

马克思认为,自然界与人处于对象性关系中,是一个被人的本质力量实践的自然界,是"人化"了的自然界。自然界作为人的现实的对象,并不是孤立地存在的,而是作为人的实践活动的客体而存在的。人的对象不是原始的自然,人的对象只能是"人化的自然",只有作为人的劳动产物的人化自然,才是人的对象,对人来说才是有意义的,也就是说,只有在人类社会生产过程中形成的自然界,才是人的现实的自然界。

马克思认为在对人类自身的认识上,人与动物是不同的,人能够把自身的生命活动作为意识的对象,通过对象性活动创造自己所需要的东西,而动物则只是一种受动的存在,不能把自己和自己的生命活动区分开,"动物和自己的生命活动是直接同一的"。而且,从生命活动的本质上来看,动物的生产是片面的,人的生产是全面的、创造性的,是对自然界的改造。通过对自然界的改造,"人才真正地证明自己是类存在物",作为类存在物,人与自然的关系是社会性质的对象性关系。马克思从这种人与自然的交互关系出发,认为应该把人、自然和社会三者结合起来,在现实的社会历史中看待人与自然的关系。

马克思强调了自然的先在性,自然是先于人类而存在的,对于人有着重要的意义。人作为自然界长期发展的产物,要靠自然界来生活,把整个的自然界作为自己的生活资料来源。而且,人还要有精神活动,这就要有意识的对象,就需要把自然界作为其意识的对象,如果没有了自然界,就没有了人的意识对象,也就不会有人类的任何精神活动了。可见,自然界对人来讲有着重要的意义,人要想在自然界中生存和发展就要以自然的存在为前提,而且还要受到自然的一定制约。在论述人与自然之间的关系时,他强调,"整个所谓世界历史不外是人通过人的劳动而诞生的过程,是自然界对人说来的生成过程","人同自然界的关系直接就是人和人之间的关系","人和人之间的关系直接就是人同自然界的关系"。

从以上的论述我们可以看出,马克思在《手稿》中承认自然的客观性和先在性,重视人与自然之间的相互作用,同时表达了从社会和生产劳动的视角来看待人与自然关系的先进思想。此时,马克思关于人化自然的思想已经初步建构起来了,但思想还是不够成熟的,还受到费尔巴哈旧唯物主义哲学的影响,为以后以实践为基础的人化自然观的系统论述奠定了基础。

三、理论确立

《德意志意识形态》和《关于费尔巴哈的提纲》（以下简称《形态》、《提纲》）这两部著作的发表，标志着马克思最终实现了对人本主义自然观的超越，并最终确立了以实践为中介的辩证唯物主义自然观。

在《提纲》中，马克思对包括费尔巴哈在内的一切旧唯物主义进行了批判。他认为，旧唯物主义者只是从客体的形式去理解感性的自然事物，而没有联系人的实践活动从主体方面来理解感性的对象世界。马克思认为，费尔巴哈虽然脱离了唯心主义，认为自然是先在的，是基础，但他没有看到主客体统一的辩证关系，仅仅从直观的意义上去片面地理解自然，把人和自然理解为感性直观，他们不了解革命的实践批判的活动的意义。而且，费尔巴哈虽然以人为出发点，但是他所说的人还只是"自然人"，只是一种自然存在物，没有看到人的主观能动性，没有看到人类的实践对自然所起到的作用，认为人在自然面前只能是消极的、直观的，只是"自在的自然"，这割裂了自然与社会历史的统一。在马克思看来，应该把对象、现实、感性，当作感性的人的活动，当作实践去理解，从主体能动性方面去理解。费尔巴哈虽然也讲人与自然的统一，但他只是把人与自然的关系单纯地看成自然与自身的关系，没有真正理解人与自然是在感性活动中的现实的统一。

马克思认为，人的本质"在其现实性上，它是一切社会关系的总和"——这是费尔巴哈所没有理解的，在费尔巴哈那里，自然虽然也具有客观实在性，但那只是一种"纯粹的自然"，人也只是纯粹的自然人，并不是具有主观能动性的人。通过对费尔巴哈的批判，马克思认为，从前的一切唯物主义的缺点就是，仅仅从直观的、客体的意义上去理解自然，而"不是从主体方面去理解"。也就是说，包括费尔巴哈在内的所有的旧唯物主义者，只把客观自然看作是与人的实践活动没有什么关系的存在。在他们看来，人是人，自然是自然，人只是主体，自然只是客体，主体与客体是分开的，人与自然的关系就是这样的简单。

马克思认为，旧唯物主义的这种把主体和客体完全对立开的思维方式是不科学的，他们没有看到人作为主体所具有的一种能动性。在马克思看来，作为主体的人和作为客体的自然，在人的实践活动中是可以统一的，那么，要正确理解人与自然的关系，就要把人和自然放在人的实践中去理解。这是马克思第一次用实践的思维方式来认识人与自然的关系，但此时，他还没有对实践做出全面的论证，还有待于日后的进一步完善。

在《提纲》中，马克思从实践活动出发，构建起了他的实践唯物主义的世界观和自然观。在马克思看来，人是通过实践活动去改变自然的，人按照自己的需要，通过实践把自然改造成自己需要的东西，这样，就在实践活动中形成了人与自然的关系。为此，马克思认为，应该把自然对象当作人的感性活动，当作实践去理解，环境的改变和人的自我改变，都不再是"感性直观"的结果，而是实践的结果，并且"只能被看作是并合理地理解为革命的实践"，是由人的感性活动生成的同一过程。可见，在《提纲》中，马克思已经开始以实践为基础，去解释人与自然的关系了，对实践的理解也进一步加深了。

在《形态》中，马克思提出了自然史与人类史相互制约的观点。马克思对人与自然的关系、人与人的关系以及物质生产活动进行了更为详细的阐述。在马克思看来，"整个所谓世界历史不外是人通过人的劳动而诞生的过程，是自然界对人来说的生成过程"。人与自然的关系既是历史的前提又是历史的产物，它随着历史的发展而发展。马克思认为，费尔巴哈和以前的旧哲学，把人类的历史和外在的自然独立开来，要么否定外在的自然界是历史的基础，要么只是把外在的自然界看成是一种附加的东西，没有看到人在历史中的作用，割裂了历史和自然的关系，使外在的自然和历史处于对立的位置上。马克思认为，对历史的正确的考虑应该从自然史和人类史这两个方面来进行，同时他更看到了人的作用，认为只要存在着人，"自然史和人类史就彼此相互制约"，而且自然史和人类史还是密切联系的、不可分割的，如果把二者分离开，孤立地研究自然，或者是孤立地研究历史，都是错误的。马克思还在实践原则的基础上，对人和他的外部环境之间的关系进行了简要的说明，认为："人创造环境，同样，环境也创造人。"

马克思认为，人与自然的关系同人与人的关系是相互制约的。实践的实质就是现实的人进行的感性活动，是人类改造自然的活动，表现为人与自然的关系。人们在生产中不仅和自然界发生关系，同时，人们在生产劳动中又会因为这样或那样的需要，而结成一定的社会关系。这也就是说，人们只要去进行实践，就离不开人与自然的关系，离不开人与人的关系，实践使人与自然的关系和人与人的关系形成了一种统一，使人的自然生产和社会生产形成了统一。那么，在这种以实践为中介的关系中，自然史和人类史就是统一的、相互制约的。自然史的发展在一定程度上制约着人与人的关系，即制约着人类史的发展；而人类史的发展也制约着一定历史阶段的人与自然的关系，即制约着自然史的发展。因此，人与自然通过实践而实现了统一，这样，马克思的人化自然思想就确立起来了。

总之，在《形态》里，马克思把社会实践作为逻辑出发点，把自然界看作实践的对象，人与自然在以实践为中介的基础上实现了真正的统一，一个充满活力的"实践的人化自然观"展现在了世人面前。

四、理论完善

马克思自然观的完善主要体现在著作《资本论》中。马克思把哲学与经济学、唯物主义自然观与历史观紧密结合起来，科学地阐释了人、自然与社会的关系及双方的互动关系。马克思通过对人类社会形态的划分，揭示了在各个不同社会形态中人与自然以及人与人之间的关系，并分析了二者之间的联系，启发人们正确处理人与自然之间的冲突，这对促进人与自然的和谐发展有着深远的意义。在这一时期，马克思的人化自然思想进入到了一个完善、成熟的阶段。

劳动创造了人。劳动不仅使人的外部肢体得到了发展，而且劳动又形成了人与人之间的交往，使人的语言、意识等得到了发展，这样，通过人的劳动，人类社会由低级逐渐向高级发展起来。因此，在马克思看来，劳动在现实中、在人类社会的形成和发展过程中、在人与自然的相互关系中具有至关重要的作用。

在《资本论》中马克思对"劳动过程"进行了分析，"劳动过程……是一种有目的的产生使用价值的活动，它使自然物适于满足人类欲望……故与人类的生活形态无关，得在人类生活各种社会形态上共通适用"。马克思指出，劳动在人与自然的关系中起着重要的作用。马克思明确提出了劳动是人与自然之间的物质变换过程。在马克思看来，劳动是人在现实社会中，因为自身的需要，对外部自然所做出的改造，他说，"劳动首先是人和自然之间的过程，是人以自

人化的自然

身的活动来引起、调整和控制人和自然之间的物质变换过程"，是不以人类的活动形式为转移的，这种物质变换过程中形成的自然界就是人化的自然界。在马克思看来，劳动是"人类生活得以实现的永恒的自然必然性"，人要在自然界中生存，就要通过劳动与自然进行交互作用，通过与自然的这种交互作用，实现与自然的物质变换，这样才能满足人类自身的生存和发展的需要，人类才能生存和发展下去。如果没有了人的劳动，人就无法对自然进行现实的改造，人的需要也就无法得到满足，而如果人的需要得不到满足，那么人也就无法在自然中生存下去，就不会有人的存在，也就不存在人与自然的关系了。人类为了生存和发展，不得不和自然不断地进行物质交换，因此，劳动必然存在于一切社会中。

人和自然的关系，是离不开人的实践活动的，实践活动不仅使人和自然得以现实的存在，而且，还不断地改变着自然，改变着人。人是自然界长期发展之后的产物，人为了在自然界中生存，就要与自然进行物质变换，就要通过劳动。人在劳动中使自然物发生形式的改变，从而在自然物中实现自己的目的。马克思举例说，用木头做桌子，木头的形状就改变了。可是桌子还是木头，还是一个普通的可以感觉的物。马克思强调了人的主体性在自然的人化过程中发挥着重要的作用。

马克思在《资本论》中提出了人的自然化的思想。人的自然化是指人在改造自然的过程中，为了达到自己的目的，按着自然界事物运动的规律运用自身的自然力去作用于自然物，同时改变了自身的自然，从而增强了人的本质力量。马克思这样阐述："为了在对自身生活有用的形式上占有自然物，人就使他身上的自然力——臂和腿、头和手运动起来。当他通过这种运动作用于他身外的自然并改变自然时，也就同时改变他自身的自然。他使自身的自然中沉睡着的潜力发挥出来，并且使这种力的活动受他自己控制。"

马克思根据人与人的关系、根据人的发展的不同情况，对人类社会历史发展的阶段进行了划分。马克思认为，作为具体概念的人化自然，在其发展过程中经历了三种历史阶段，表现为三种人类社会形态。

第一种社会形态是：人对自然的依赖关系。资本主义社会之前就是这样的社会形态。这种社会形态是最初的社会形态，在这种社会形态下，人的实践活动只能在狭窄的范围内和相互孤立的地点上发展，人的生产能力非常有限，所以对

人化的自然

自然有着很深的恐惧，对自然的力量也满是崇拜。第二种社会形态是：以物的依赖性为基础的人的独立性。资本主义社会就是这种社会形态。这种形态下发生的普遍的社会物质交换，表现了人多方面的需求和能力全面的伸张及由此而来的生存的物性的压抑。马克思认为，这种社会形态超越了"人的依赖关系"，只有在这种社会中，才能"形成普遍的社会物质变换"。在这种社会中，人是广泛地利用自然和支配自然的，自然对人来说是有利用价值的，是可以为人带来财富的。但这一阶段，人还不是真正自由的，还是要依赖于物的，还没有达到人与自然的统一。马克思认为，要达到这一点就要进入到第三种社会形态。

第三种社会形态是：建立在个人全面发展和他们共同的社会生产能力成为他们的社会财富这一基础上的自由个性。共产主义社会正是这种社会形态，是建立在人与自然和谐发展的基础上的。马克思认为，要想使人与自然能够和谐地发展，就要使人转变对自然的态度，不再仅仅把自然看成是一种为人类带来财富的存在，要平等地对待自然。这就需要抛弃资本主义社会的那种过度追求最大利润的生产方式，建立起没有剥削的、公有制的共产主义社会。这样才能是"人和自然界之间、人和人之间的矛盾的真正解决"。可见，整个人类历史，就是人通过劳动，对人与自然关系的不断深化和发展的历史。

马克思从实践唯物主义出发，以人的生存及其发展作为研究的方向，揭露出了资本主义的生产方式的本质，批判了资本主义社会以交换价值为基础，通过劳动使人和自然之间进行物质变换，进而追求最大利润的生产方式。在《资本论》中，马克思看到了资本主义社会的盲目生产对人与自然之间物质变换的破坏，提出要合理地调节二者间的物质变换，从而达到人与自然的和谐发展。马克思认为，要实现人、自然和社会的和谐发展，只有摧毁资本主义的制度，进入到共产主义社会，才能实现全人类的自由与解放。可见，在实践的思维方式的指导下，马克思的人化自然思想正在逐步走向成熟和完善，这对人类正确认识人与自然的关系、对促进人与自然的和谐发展都有着极为重要的意义。

第三节　马克思人化自然观对旧自然观的超越

马克思以实践的思维方式去审视人与自然的关系，把自然作为人的实践活动所指向的对象，受实践规定并在实践中生成、变化和发展的不断被人化的自然，从而在自然观上实现了革命性的转变，超越了传统自然观在人与自然关系上的片面性。这些超越在《1844年经济学哲学手稿》（以下简称《手稿》）中得到了较为集中的体现。

一、实践唯物主义自然观对本体自然观的超越

古希腊哲学源于古希腊神话。与世界上各个民族一样，希腊人最初是以神话来认识与反映自然界的，在此基础上，经过长期发展，古希腊人逐渐形成了自己的自然观。古希腊有机整体的自然观认为，自然界是一个具有灵魂的、运动着的有机整体。正如柯林伍德指出："由于自然界不仅是一个运动不息从而充满活力的世界，而且是有秩序和有规则运动的世界，他们因此就说，自然界不仅是活的而且是有理智的；不仅是一个自身有'灵魂'或生命的巨大动物，而且是一个自身有'心灵'的理性动物。"[①]由于古希腊自然观始终受到神学思想影响，使之到了中世纪，神学逐渐代替哲学占

---

① [英]柯林伍德：《自然的观念》，北京大学出版社2006年版，第4页。

据了统治地位，从而使得人们在自然界的认识上就成为自然界只是上帝的创造物，人类是上帝创造出来统治自然界的。

古希腊有机整体的自然观和中世纪神学自然观从整体上看都是不合理的，前者虽然含有一些朴素辩证法的合理思想，但将自然界类推为同人一样具有心灵和理性的巨大动物，认为自然界是自在的外在于人的本源性存在，是一种不合理的本体自然观；后者用上帝创造说来解释自然界和人的存在，认为人类是自然界的统治者，势必造成自然与人的对立。文艺复兴以后，随着人文思想和自然科学的发展，自然观有了很大的发展。这种自然观与古希腊自然观、中世纪神学自然观相对立，它仅把自然界看作是一架机器，"为着一个明确的目的设计出来、并组装在一起的躯体各部分的排列"[①]。这使得自然观以对创世说和目的论的批判为主要特点，认为自然界是没有区别的物质，并在外力的驱使下遵循机械规律而运动。随着这一时期自然科学的发展，尤其是牛顿经典力学的创立，人们越来越趋向于认为运用几种正确的原理可以推导出自然界中的一切现象。这一时期的自然观认

---

① [英]柯林伍德：《自然的观念》，北京大学出版社2006年版，第6页。

为，自然界是先在于人的本源性存在的，通过自然科学知识能够穷尽对自然的认识。

以上三种自然观的共同特点是：将自然界看作是自在的、外在于人的本源性存在，是一种先在于人的具有本体性质的终极实在。从这种意义上来看，它们都属于本体自然观。马克思对这种自然观采取了批评的态度，在马克思看来，自然不是悬浮于人和社会之外的、与人无关的世界，而是人的社会实践的对象。他认为自然界不是外在于人类社会而独立存在的世界，它是人类实践活动所指向的对象。人通过实践活动从自然获取生存和发展所需的"养料"，而自然在人的实践活动中也"不是费尔巴哈生活其中的自然界；这是除去在澳洲新出现的一些珊瑚岛以外今天在任何地方都不再存在的、因而对于费尔巴哈来说也是不存在的自然界"。"自在自然"转化为了"人化自然"。马克思认为，只有通过社会实践才能认识自然界以及人与自然界的关系，各种认识的对立矛盾也只有依靠实践的力量才能解决。"全部社会生活本质上是实践的。凡是把理论引向神秘主义的东西，都能在人的实践中以及对这个实践的理解中得到合理的解决"。实践既是生活的本质，也是澄清理论是非的法宝。马克思看到了那种本体自然观仅仅把自然看作是外在于人、先于人存在的终极实在，他从实践的视角出发，突出了实践在人与自然及人与人相互关系中的重要性。从本体自然观转向实践唯物主义自然观，超越了以往本体自然观只注重自然而忽视实践的弊端。

二、辩证自然观对机械自然观的超越

机械论自然观源于古希腊的原子论，文艺复兴时期初具雏形，以主客二分论为其观念前提，形成于近代科学革命中。这种自然观与古希腊自然观、中世纪神学自然观相比较而言前进了一大步，它冲破了窒息人的神学樊篱，人不再对上帝虔诚膜拜。

文艺复兴把人的注意力从天国转向尘世，从上帝转向人自身，人重新发现了自己，加上近代自然科学研究的节节胜利，改造和控制自然的观念被推广到各个领域，人们越来越坚信，自然就像机械一样可以操作、参与、实验，甚至制作。人类是自然的主人，不仅可以认识自然，还可以驾驭自然，人与自然是分离而对立的。

这种自然观在重新恢复了自然本真原貌的同时，又把人看作是自然界的主宰，忽视了自然与人之间的相互关系，把自然界看作是一个纯粹按照机械规律运动的冰冷的物质世界。由于过分强调机械规律在自然界中的作用，使得近代机械自然观不可避免地认为自然万物是服从于某些机械规律的，从这些规律可以推导出一切自然现象；否认自然与人的相互作用及其相互关系，认为自然界是按着客观的机械规律而孤立地存在于人的世界之外的。

马克思对这种自然观也进行了批判，在他看来，这种自然观没有看到人与自然关系的真正实质，没有看到自然界的规律。事实上，在自然界中，正是那些在历史上支配着似乎是偶然事变的辩证法运动规律也在持续发生着作用，这些规律贯穿于人类思维的发展史中，能够被人类思维所意识到。在自然界中任何事物皆处于不断联系、互相转化的过程中，是一个处在历史发展中的物质，任何孤立、固定不变的事物是不存在的。由于机械唯物主义自然观这种形而上学、机械性的弊端，使得人和自然的真实关系被遮蔽。

在《手稿》中，马克思主张从人与自然的关系来理解自然。马克思认为，人与自然不可分离地联系在一起。费尔巴哈也曾试着从人和自然、人和动物、人和人的关系等多个角度对人的本质进行论述，证明人是不能孤立存在的，必须生活在团体中，与他人发生联系。他说"直接从自然界产生的人，只是纯粹自然的本质，而不是人"，"孤立的，个别的人，不管是作为道德实体或作为思维实体，都未具备人的本质"，但这里人和人之间的关系实际上指的是男性和女性之间的关系。费尔巴哈之所以将这种关系看作人的本质，就是因为他把人看作是一种感性的生物，进而认为只要证明了这一点，也就说明了人的本质。

马克思认为对于人的本质，不能局限于感性的自然范畴，应该从现实出发，把人放置于社会中进行考察。指出："社会的性质是整个运动的普遍性质；正像社会本身创造着作为人的人一样，人也创造社会"，"自然界属人的本质只有对社会的人来说，才是存在着的，因为，只有在社会中，自然界对人来说才是人与人联系的纽带……才是属人的现实的生命要素，只有在社会中，人的自然的存在才称为人的属人的存在，而自然界对人来说才成为人。因此，社会是人同自然完成了的、本质的统一"。马克思以最自然的男女关系为例，论述了人的自然关系与社会关系的辩证统一。他认为，在男女关系这种最直接最自然的关系中，自然界表现出了属人的社会性，人表现出了自然属性和社会属性的统一。因此，从这种关系中可以判断出人的教养程度。马克思在这里提出了应该在人与自然界的辩证关系中去认识自然界的思想。从这一视角出发，马克思指出，人与自然界的辩证关系主要体现在人的对象化活动中。

在人与自然冲突的问题上，马克思认为，必须从人与自然辩证关系出发，即从人与自然的对象性关系出发，如果人在自身以外没有对象性的存在物，那他谈不上改造自然界。"只有凭借现实的、感性的对象才能表现自己的生命"。也就是说，人类只有有了自己的对象才能真正表现为人，"太阳是植物的对象，是植物所不可缺少的、确证它的生命的对象，正像植物是太阳的对象，是太阳的唤醒生命的力量的表现，是太阳的对象性的本质力量的表现一样"。存在物在对象性关系中才能存在，人与自然之间的对象性关系只有在对象性活动中才能生成。在此基础上，马克思批判了黑格尔客观唯心主自然观，在他看来，黑格尔把绝对精神作为世界的本原，自然界则是精神世界的派生物，这个派生物本质上就是不真实的存在物，是一种非现实的、非感性的东西。

总之，马克思看到了机械唯物主义将自然孤立化和机械化的弊端，他从实践的视角出发，强调人与自然的辩证统一，主张在人与自然、人与社会、人与自身的辩证统一关系中来把握自然，坚持人和自然关系是一种对象性的关系，从机械唯物主义自然观转向了辩证唯物主义自然观，超越了机械唯物主义自然观局限性。

三、生成自然观对构成自然观的超越

在马克思自然观形成之前，以对宇宙形成问题的不同回答为标准，我们可以把这些自然观分为：要素论和创世说。持要素论观点的哲学家认为宇宙万物皆是由基本要素构成的，宇宙及其万物的运动、变化及发展皆为宇宙中这些最基本构成要素的分离和组合。持上帝创世论观点的哲学家则认为上帝是宇宙万物之源，是由上帝从虚无中创造出来的。

这两种自然观从总体上看存在明显分歧：前者具有朴素唯物主义性质，即把宇宙万物看成基本要素的构成；后者具有唯心主义性质，即把宇宙万物理解为上帝的杰作。然而，两者之间又存在类似之处，两者都承认自然界是永恒不变的、现成的存在，自然界是由许多不同部分构成的一个整体。从此意义上说，两者皆属于构成论自然观。西方的思想

人化的自然

源于古希腊,但是古希腊的哲学家在世界本原的认识上,是从德谟克利特以后,构成论自然观才成了西方自然观的主流思想。恩格斯认为,这种自然观把自然界看作从产生起就自始至终保持原来不变的样态,它不是以联系、发展、变化的观点,而是始终以孤立、片面、静止的观点来看待自然界,把自然界仅仅看作是按照一定规则朝一定方向运动的机械构成,自然界的各种运动皆在机械规律的控制之下。这种自然观所体现出来的形而上学与机械性的弊端,使得自然界的任何变化、发展都被否定了。

马克思用地球构造学和自然发生说驳斥了创世说,说明自然界是一个自我产生、发展的生成过程,有其自身的内在规律。自然界不是由所谓高高在上的上帝从虚无中创造。他批驳了黑格尔把自然界看作是绝对观念外化的观点,黑格尔把自然界与人类精神的位置相互颠倒,这实质上就是变相地对上帝创世论进行唯心主义的哲学解读。马克思深刻指出:"大地创造说,受到了地球构造学的致命的打击。自然发生说是对创世说的唯一实际的驳斥。"任何事物都处于不断运动、变化和发展中,整个世界的变化发展都是无始无终的。

马克思批判了要素论,并提出了关于自然界的发展演化过程的思想。他把整个世界历史归为两个方面：一个方面是人类社会的历史，另一方面是指自然界的发展史。马克思指出人类社会的历史是人通过劳动而诞生并不断发展的过程；自然界的发展史就是人通过实践作用于自然并使其不断运动、变化和发展的历史。马克思指出，自然界并不是由某一种永恒不变的基本要素构成的，也不是静止不动的，而是一个不断生成的过程。

人自身作为自然界的一部分，马克思认为也是一个不断生成的过程。他在《手稿》中写道："正像一切自然物必须形成一样，人也有自己的形成过程即历史，但历史对人来说是被认识到的历史，因而它作为形成过程是一种有意识地扬弃自身的过程。历史是人的真正的自然史。"

总而言之，旧自然观所描述的是机械的、抽象的、现成的、与人无涉的自然，而马克思所阐述的则是运动的、现实的、生成的、与人紧密相关的人化自然。在自然观的发展演变过程中，马克思之前自然观曾经发挥过积极的重要作用，马克思对这种自然观采取坚决而严厉的批判态度，在他看来，自然界是客观存在的，是不断变化、发展的生成过程。马克思正是在对以往自然观的批判、改造过程中实现了从构成论自然观到生成论自然观的重大转变，超越了构成论自然观的局限性。

第四节　马克思人化自然观的理论地位

一、马克思人化自然观的创立是一场哲学变革

在马克思之前，黑格尔最先从认识论角度提出"人化自然"的思想：人把心灵的定性纳入自然事物里，把他的意志贯彻到外在世界里的时候，自然事物才达到一种较大的完整性。因此，人把他的环境"人化"了。人化的环境就是人化的自然。在黑格尔那里，现实的人与自我意识是等同的，"人化"就是"自我意识"化，自然界作为对象对自我意识来说就是异化，扬弃异化、实现人化就要克服对象化，使对象复归于自我意识，这就脱离了社会现实的基础，对人化的自然作了抽象的唯心主义的解释。

费尔巴哈批判了黑格尔的唯心主义思想，认为人以多种多样的方式人化自然的本质，"人的本质在对象中是显现出来：对象是他的公开的本质，是他的真正的、客观的

'我'"。把成为对象的自然看成是人的本质力量,强调人是自然界的感性存在,但费尔巴哈没有注意到黑格尔已经明确阐述了人本身具有通过劳动克服人与自然界的矛盾的能力,没有把人的本质对象化与人的实践活动联系起来,因而不可避免地使他的哲学思想带有许多片面性。

只有马克思批判地继承了前人的思想,从唯物主义和辩证法统一的高度阐明了人与自然的内在本质,对"人化自然"作了更全面、更科学的界定。马克思的自然观对以往的自然观进行了积极的"扬弃",突出了自然的社会历史性质,实现了一场哲学变革。

马克思坚持了旧唯物主义哲学的唯物主义的基础,认为自然是不依赖于人类意识而独立存在的客观实在,具有其固有的规律,它是一个统一的物质世界,处于永恒的运动、变化和发展之中。恩格斯曾经指出:"马克思和我,可以说是把自觉的辩证法从德国唯心主义哲学中拯救出来并用于唯物主义的自然观和历史观的唯一的人。"马克思和恩格斯创建的是一种"辩证的同时又是唯物主义的世界观"。在他们看来自然界先于人类而出现,是人类社会得以形成的物质基础,是人类生存的物质条件,自然向人类提供直接的生活资料和劳动的材料、对象和工具。

马克思的人化自然观与旧自然观有着本质的区别，而正是这种本质区别使马克思的自然观实现了一场哲学革命。马克思视域中的自然不是处于人类实践之外的自在自然，而是在人类实践中不断生成的人化自然。马克思在分析旧唯物主义缺陷的时候指出："从前的一切唯物主义（包括费尔巴哈的唯物主义）的主要缺点是：对对象、现实、感性，只是从客体的或者直观的形式去理解。"马克思不但看到了旧自然观的缺陷所在，而且找到了克服这种缺陷的方法。在马克思看来，应该从人的实践活动去理解自然事物。这正是马克思人化自然观超越旧自然观的关键所在。只有将自然事物当作人的实践活动去理解，才能克服旧唯物主义自然观的缺陷，才能合理地解释各种自然现象以及人与自然的关系，从而真正地导向彻底的、科学的实践唯物主义。

"马克思的唯物主义不是从本体论和物理学角度，而是从经济学角度去看待自然的，它是一种'非本体论'哲学，是'经济唯物主义'。它不想探究'宇宙之谜'，不想编造'抽象的世界观'，也几乎不用'世界观'这种表述。它只想为解除人间的饥饿与痛苦而奋斗，而没有恩格斯的唯物主义那种'禁欲主义'的色彩。任何不能给人带来果腹之物的哲学，都说不上是什么'科学的世界观'。"①

旧唯物主义者虽然坚持唯物主义立场，但由于不理解实践对于认识自然界的重要意义，而只是从直观的、客体的方面去理解自然，他们就只能在自然领域内坚持唯物主义，一旦进入社会历史领域，他们就陷入唯心主义。就像马克思和恩格斯批评费尔巴哈时所说的那样："当费尔巴哈是一个唯物主义者的时候，历史在他的视野之外；当他去探讨历史的时候，他不是一个唯物主义者。在他那里，唯物主义和历史是彼此完全脱离的。"

可见旧唯物主义自然观的直观性无法导向历史观上的变革，也就无法进一步导向马克思主义哲学。马克思在人化自然观中充分阐述了人的实践活动对于认识自然的重要性。正是在充分认识了实践对于认识自然与社会的重要性的基础上，马克思将实践作为最重要的概念引入了自己的哲学理论，从经济学的角度看待自然、社会、历史，建立实践的唯物主义自然观，也就是辩证唯物主义自然观，从而实现了一

---

① [德]A. 施密特：《马克思的自然概念》，商务印书馆1988年版，第3页。

场哲学变革。

二、马克思人化自然观是马克思主义哲学的重要组成部分

马克思主义哲学是人类认识世界和改造世界的思想武器。马克思的人化自然观是对人与自然关系的实践唯物主义阐释，而且人化自然观主要作用是要改造自然。因此，人化自然观是马克思主义哲学的主要组成部分。

马克思人化自然观与马克思主义哲学的关系问题可以从马克思对自然界以及人与自然关系的详细论述中得到证明，在一定意义上可以说没有马克思人化自然观，就没有马克思主义哲学。从内容和任务两个方面都可以说明马克思主义人化自然观是马克思主义哲学的重要组成部分。

马克思人化自然观是马克思主义哲学的主要内容之一。马克思主义哲学是对世界关系的实践唯物主义理解。马克思是从人类的实践活动来理解自然和认识社会的，他以人类的实践活动为出发点，阐释了人、自然、社会以及它们之间的相互关系。马克思批判了那种将人与自然的关系看作是理论关系的观点。在马克思看来，人与世界的关系首要的应该是

实践关系，而不是理论关系，我们应该始终从人的实践活动去理解人与世界的关系。因为人与自然的关系、人与社会的关系以及人与自身的关系首先都是在实践活动中形成的。同时，人们对这些关系的认识是否正确也要依靠实践活动来检验。正是在这个意义上，马克思深刻地指出："整个所谓世界历史不外是人通过人的劳动而诞生的过程。"马克思主义哲学正确地阐述了这一生成过程，并以实践唯物主义合理地阐释了人与世界的关系。

马克思在人化自然观中阐述了人的对象性活动，并阐释了在这种活动中现成的自然以及人与自然之间的对象性关系。马克思之前的旧自然观也论述了人与自然的关系，但其理解的人与自然的关系始终是抽象的、机械的。马克思将实践概念引入人化自然观，把人与自然的关系理解为实践活动中形成的对象性关系。马克思认为人与自然的关系是人类历史的第一个需要确认的事实，足见马克思非常重视人与自然的关系在人类历史发展中的重要作用。

马克思认为，人与自然的关系主要是通过生产劳动而形成和发展的。他指出："劳动首先是任何自然之间的过程，是人与自身的活动引起、调整和控制人和自然之间的物质变换的过程。"而我们知道，劳动是随着生产力的发展而发展的，因而，人与人之间的关系也是随着历史的发展而发展的。历史的每一阶段都遇到一定的"人对自然以及个人之间历史地形成的关系"，马克思站在唯物主义立场上，以实践概念为基础，合理地阐释了人与自然之间随历史的发展而发展的对象性关系。

马克思人化自然观是马克思主义哲学的主要组成部分之一。在马克思看来，对人与自然关系的研究是马克思人化自然观的基本内容，也是马克思主义哲学非常重要的内容之一。众所周知，马克思主义哲学的主要任务是改造整个世界。马克思认为，哲学作为一种理论，只有通过掌握群众，转化为物质力量，才能达到改变现实的目的，从而完成变革世界的任务。哲学的任务不仅仅是解释世界，更重要的是改变世界。实践唯物主义者的任务就是以哲学为指导，改造现存的世界。从总体上来看，改造世界的任务又可分为改造自然与改造社会这两大部分内容。因此，马克思主义哲学也可分为关于改造社会的理论和改造自然的理论这两大部分。而关于改造自然的理论就是马克思人化自然观的主要内容。马克思人化自然观阐述了人类社会通过实践活动改造自然的过程。马克思人化自然观的任务就是研究如何合理地利用和改造这种现实的自然界。马克思指出，人们要尽力发现、利用自然物的新属性以满足人的需要，并通过发展自然科学来提高人类利用和改造自然的能力。

马克思人化自然观的形成对于马克思主义哲学的创立起着重要的推动作用。同时，从内容和任务上看，马克思人化自然观又是马克思主义哲学的重要组成部分。领会马克思人化自然观在马克思主义哲学中这种基础性的理论地位，有利于深化我们对马克思人化自然观与马克思主义哲学以及以及两者关系的理解，也有利于人们以马克思人化自然观为指导，合理地开发、利用和改造自然。

第三章　马克思人化自然观的基本内涵

马克思人化自然思想的形成，可以说是哲学史上的一次革命。在马克思的人化自然思想中，人与自然的现实关系是由实践产生的，人在实践中创造自己的生活，也通过实践把人与动物、人与自然区别开。在马克思看来，只有立足于实践、从实践出发，才能真正地理解人与自然的关系。马克思的人化自然观把实践作为理解人与自然关系的切入点，从唯物史观、认识论和历史观这三个角度科学地阐明了人与自然关系的实质，为协调人与自然关系提供了正确的理论指导。

第一节　马克思人化自然观的实践本质

近代哲学对人类活动的反思只限于理智活动和认识活动的范围，马克思的哲学革命则以人类生存活动，即物质实践活动为起点和基础的。从而，现代哲学的主题不再是人类的认识活动，而是人类的现实生活。

一、实践体现人的本质力量

历史唯物主义说明了人类的物质性实践活动对于人类精神活动的决定作用。这集中表现在它对人与自然关系的研究中。马克思说："工业的历史和工业的已经产生的对象性的存在，是一本打开了的关于人的本质力量的书，是感性地摆在我们面前的心理学；对这种心理学人们至今还没有同它的本质联系上，而总是仅仅把人的普遍存在，宗教或者有抽象普遍本质的历史，如政治、艺术和文学等，理解为人的本质力量的现实性和人的类活动。如果心理学还没有打开这本书即历史的这个恰恰最为容易感知的，最容易理解的部分，那么这种心理学就不能成为内容确实丰富的和真正的科学。"面对着人类所产生和创造的形形色色、丰富多彩的物质生活和物质生产资料，不能把它们仅仅看成感性的物质的东西。它们不是单纯的自然物，而是凝结着、积淀着人的本性、知识、能力、价值观念乃至人们的社会习俗、生活时尚。通过它们可以发现和了解在不同历史时期人们发展水平，人的本质力量的成熟程度。人是通过实践活动表现自己能动性的，以劳动实践作为中介才能说明与自然间的相互联系和相互作用。这是历史唯物主义成立的关键。

二、实践生产整个自然界

在《1844年经济学哲学手稿》中，马克思创造性地利用费尔巴哈式的语言讨论了人与自然的关系。在实践上，人的普遍性表现在把整个自然界变成人的无机的身体。"自然界，就它本身不是人的身体而言，是人的无机的身体"。人靠自然界生活，这就是说，自然界是人为了生存而必须与之处于持续不断地交往作用过程的"人的身体"。所谓人的肉体生活和精神生活同自然界相联系，是说自然界是同自身相联系，因而人是自然界的一部分。这样说人同自然的关系就可以说是自然界同自身的联系，即自身同自身的关系。

就作为自然存在物的直接性而言，人与动物一样。但是，"人不仅仅是自然存在物，而且是人的存在物，也就是说，是为自身而存在的存在物，因而是类存在物"。在人与自然的关系中，马克思认为，人是一种有生命的存在，是自然界长期发展的结果。自然界是先于人类而存在的，是与人和人的劳动紧密联系在一起的，可以说没有自然界就没有人的生存和发展，自然界是人类社会存在和发展的基础。

在社会实践中，物质世界出现了自然界和人类社会的区分。人是从自然界中分化出来的，是自然界长期发展的产物，是与自然对立的，人的分化是通过劳动而形成的。在人类从类人猿进化到人的这一整个过程中，劳动起了关键的作用。劳动使类人猿的前肢与后肢发生了分工，促进了人手的形成，并逐渐学会自己制造和使用劳动工具。在劳动中，又需要彼此之间交流经验，这又逐渐地形成了人类语言，促进了人脑的发展，形成了人类独有的思维器官，使人产生了特有的意识，这样，实践就使人从自然界中分化出来了。可见，实践是人所特有的生存方式，是人与自然分化的途径。从根本上说，人类社会是人的实践活动的对象化，是人的对象世界。

三、实践实现人和自然的统一

自从人类产生以后，自然界在人的实践活动中以新的形式延续自己的存在和发展。通过劳动，人类具有自己实践的存在方式。人类社会既是自然界的一部分，又是一个有着自身特殊发展规律的部分。虽然人通过劳动，从自然中分化出来了，但并没有完全脱离自然界，因为离开了自然界，人将无法生存。在《德意志意识形态》中，马克思认为，人是作为自然存在物而存在的，是有生命的存在，这是"全部人类历史的第一个前提"，只有这些有生命的人的存在，才会有由此产生出人与自然的关系。因为无论进化到什么程度，人都要以外在自然界作为自己生存的必备条件，把自然界作为维持生命的物质资料来源。人必须依靠外部自然提供的物质资料，来维持自身的生存和发展，这就强调了，人作为从自然界中分化出来的有生命的存在，是必须要靠自然界生活的，是离不开自然界的。

马克思指出，人的肉体生活是离不开自然界的。人类必须依赖自然界才能存在和发展。人是物质自然界发展到一定阶段的产物，人从自然界分化出来并不意味着脱离自然界，仍然是物质的血肉之躯，其生命形态依然是物质自然界的一部分，人赖以生存的物质生活资料也只能取之于物质的自然界。自然界为人提供直接的生活资料，如植物、动物、空气、水、阳光等，不管这些是以什么样的形式呈现出来的，都是人的生活所必需的；不仅如此，人的精神生活也是离不开自然界的。人是有意识的存在，要产生意识，就需要有意识的对象，现实中，人把自然作为意识的对象，如果没有自然，就不会产生人的意识。可见，不仅是人的肉体生活离不开自然界，人的精神生活也是离不开自然界的。因此，马克思认为，"人是自然界的一部分"，因为人的肉体生活和精神生活都是与自然界有着密切联系的，都是离不开自然界的，人是要依靠自然界生活的，离开了自然界，人类将无法生存下去，社会也就不可能存在，更谈不上人类的发展。

人作为自然存在物，和动植物一样，只能是受动的存在，但人又是有意识的、能动的社会存在物。马克思认为，人是具有双重属性的，即，具有自然属性和社会属性。人的自然属性是指人的肉体的存在及其特征；人的社会属性是指人作为人类社会的成员的一种存在及其特征。马克思认为，人具有动物所没有的目的和意志，能把自我之外的其他事物看作是意识的对象，这就使人具有了自觉性，使人与动物有了很大的区别，脱离了动物界。

马克思认为，动物与自然是同一的，只是在消极地适应着自然，靠外部环境提供的现成的物质资料生存，只是一种受动的存在。人和动物是不同的，人是类存在物，是作为具有类意识的群体而存在的，能意识到自身的存在，能把自己同对象进行区分，所以人不仅是自然界长期发展的产物，更是社会的产物，是一种有意识的、能动的社会存在物。那么，人作为类存在物，就不像动物那样靠自然界的现成的物质资料生存，那些是不能直接满足人的需要的，人只有通过工具对外部自然进行改造，才能满足人的各种不同的、多方面的需要。虽然动物为了生存也会进行生产，但动物的生产只是一种本能，并不是真正的劳动，马克思明确指出："动物只生产自身，而人则生产整个自然界。"人在这种生产活动过程中维持自己的生存和发展的同时，又不断地创造着人类生存和发展的条件，实践因此成为人的存在方式。

人的实践是有目的的活动，人类的实践体现了人类的自觉能动性。人具有理性思维，所从事的是不同于动物的本能活动的有目的、有意识地改造世界的活动。人在实践中不仅要使外部自然得到改造，而且最关键的是实现自己的目的，这就要求人在活动中，要按照人的需要、人的目的对外部自然进行改造。人以自身的实践活动作用于外部的自然，使人自身的自然和外部自然之间进行物质变换，通过现实的实践活动使人与自然达到现实的同一。在人的实践活动中人把外部的自然变成了自己活动的对象，把自己放在相对的主体的位置上，这样，自然界作为人类的物质资料的源泉，就被纳入到了人类生活与生产之中，成为了劳动的对象，被人化。在这一过程中，自然也通过实践活动对人和人类社会起作用，使人和人类社会自然化。马克思认为，在实践活动中，人按照自己的意志，对外部的自然进行改造，此时"自然界才表现为他的作品和他的现实"，自然在人的实践活动中不断被人化，而人在改造自然的过程中，也逐渐地被自然所改造，逐渐自然化，这样，人化的自然和自然的人化就形成了统一，这个过程是以实践为中介的同一过程的不可分割的两个方面。

可见，人的改造自然的活动、人的对象化活动，是离不开外部自然的。外部自然是人进行劳动的基础，没有外部自然就没有人的生产劳动，"工人就什么也不能创造"。人离不开自然，人的实践离不开自然，劳动使人与自然紧密地联系到一起，是人化自然和自然人化的基础活动。

第二节　马克思人化自然观的唯物论维度

在马克思看来，人类在自然界面前具有双重性，一方面，人类是自然界的一分子，是自然界的存在物，天然具有自然性。另一方面，人类具有社会性，是有意识和目的性且具有主观能动性的自然存在物。马克思认为，人与自然界是辩证统一的关系，人类的生存和发展离不开自然界，自然界为人类的生存和发展提供物质储备，人类离不开自然界，自然界是人类社会活动的基础，同时，人类是自然界发展到一定阶段的必然产物，人类自身就是自然界的一部分，同时，人类的生存和发展又会受到自然界外在条件的制约。这时马克思自然观思想的基础。

一、人类依赖自然界而存在

人作为自然长期发展的产物，与整个生物界有同样的生存基础。人类的每一个个体最终也都要遵循新陈代谢的规律，回到大自然的怀抱。在人类之外根本不存在什么上帝之类的东西，人直接地是自然存在物。

人与动物一样都依赖自然界，和动物一样都要"依赖无机自然界来生活"，并且人对自然界的依赖不是暂时的、局部的，而是永恒的、全面的，人与自然之间只有不断进行物质、能量和信息的交换，人类才能生存和发展下去，一旦这种交换停止，就势必造成人类的灭亡，因为"自然界是人为不至于死亡而必须与之处于持续不断的交互作用过程的、人的身体"。

人与自然界持续不断地相互作用获取自身生活资料，这种生活资料首先表现为物质生活资料。人在肉体上只有靠这些自然产品才能生存，不管这些产品是以食物、燃料、衣服的形式，还是以住房的形式表现出来。它把整个自然界作为人的直接生活资料，作为人的生命活动的对象（材料）和工具，从而变成人的无机的身体。不仅人的物质生活资料而且人的精神生活也依赖于自然界，"植物、动物、石头、空气、光等等，一方面作为自然科学的对象，一方面作为艺术的对象，是人的意识的一部分，是人的精神的无机界，是人必须事先进行加工以便享用和消化的精神食粮"。在这里不管是"人的直接生活资料"、"人的生命活动的对象（材料）和工具"，还是"自然科学的对象"、"艺术的对象"，都揭示了自然界是人的无机身体，人在自己的生活中依赖于它，以它为转移并用它来规定自己的生活。

二、人类依赖自然界而发展

马克思认为，人不是一般的自然存在物，作为大自然的杰作，人是"能动的自然存在物"。动物和它的生命是直接同一的，只生产自己本身，"人则使自己的生命活动本身变成自己的意志和意识的对象"，能"实践创造对象世界，即改造无机界"，并在改造自然中使自身不断得到改造、日臻完善。马克思进一步认为，自然界也是人的一部分，"没有自然界，没有外部的感性世界，工人就什么也不能创造"，"人靠自然界生活"。与人的生存有关的自然物质都是"人化的自然"。这样，马克思就把人与自然的统一建立在客观现实的基础之上。

马克思认为自然界是劳动的赖以存在的前提和基础。"巧妇难为无米之炊"，没有自然界，没有感性的外部世界，人什么也不能创造。因此，自然界是人类劳动的原始材料，人类创造使用价值的活动与自然界密不可分。按照马克思的观点，尽管劳动是使用价值的创造者，但是它并非是使用价值的唯一源泉，并且只有与自然物质相结合，才能成为使用价值即物质财富的源泉。简言之，各种商品都是自然物质和劳动这两种要素的结合。如果把上衣、麻布等包含的各种不同的有用劳动的总和除外，必然还有一种不借助人而存在的物质基质。这种物质基质就是先于人类存在的自然资源，所以说，自然界是财富的第一源泉，劳动并不是使用价值的唯一源泉。正如威廉·配第所说，劳动是财富之父，土地是财富之母。

除此之外，自然条件优劣还与劳动生产效率的高低密切相关，好的自然条件会促进劳动生产率的提高，恶劣的自然环境会阻碍社会生产的发展，劳动生产率是同自然条件紧密相连。因此，土壤自然肥力越大，气候越好，维持和再生产所必需的劳动时间就越少。因而，生产者在为自己从事的劳动之外来能为别人提供的剩余劳动就可以越多。马克思认为，自然条件越好，劳动生产率就越高，劳动者生产的剩余产品就会越多；相反，自然条件越差，生产效率就越低，甚至一旦影响生产效率的自然条件不能持续性的发展，生产就会停止，劳动生产效率的提高也就无从谈起。因此，在马克思看来，自然条件的可持续发展对劳动生产效率的提高发挥着重要作用。自然界是包括人在内的一切生物的源泉，人是自然界的组成部分。自然界一方面作为生活资料的来源，另一方面作为劳动资料的来源。所以，人离不开自然界，人与自然界的关系不但不是彼此对立的，而且是密切相连的。

三、人类被自然界无情地否定

人类是自然长期发展到一定阶段的必然产物，人类也是大自然之子，既属于自然又超越自然。人是自然界的主体，但是人类的生存和发展却又会受到大自然客观条件的制约。人类与自然界之间的关系反映的是人类社会文明和自然界演化之间相互影响、相互制约、相互促进的辩证统一的关系。

人类与自然之间的相互关系具体表现为两个方面。一方面，人类的生存和发展，需要从自然界索取生活资料、生产资料，以及生活空间。同时，也需要向自然界排放生产和生活垃圾，给自然界带来沉重的负担。另一方面，自然界发展和演化同时也会制约人类生存和发展的程度，当人类和自然和谐相处的时候，自然与人类就会相互促进、相互发展。然而，一旦人类过度向自然界索取，破坏生态平衡的时候，自然界就会表现出不和谐之音，如温室效应、沙漠化、泥石流、沙尘暴、酸雨、各种流行病等。因此，人与自然之间是一种相互依存、相互促进、相互发展、同呼吸共命运共发展的有机整体。人类有责任也有义务与大自然和谐相处共同发展，马克思向人们呼吁，应该"再生产整个自然界"。

马克思认为现实的自然界和自然科学,既是人的活动的对象,也是人的本质力量的具体体现,人必须在自己现实活动的对象中确证并表现自身。这就是说不管人的本质力量有多强,即使人类本身凭直观能力能够轻而易举地认识自然规律并按照自然规律办事,但如果没有表现人的本质力量的对象,正如虽是千里马,但没有识别千里马的伯乐,千里马的本质力量就不能得到很好的施展,只能被湮没。具体来看,自然对象满足人的饥饿的自然需要,是人的身体活力唤醒的表现,是人的身体本质力量的表现,"饥饿是人体自然的需要;为了使自身的自然需要得到满足,使饥饿得到消除,它需要自身之外的对象即自身之外的自然界。饥饿是我的身体对某一对象的公认的需要,这个对象存在于我的身体之外,是使我的身体得以充实并使本质得以表现所不可缺少的"①。

尽管自然界是确证和表现人的本质力量的对象性存在物,但是人类不合理的实践活动也会使自然界对人类存在方式产生否定性影响。通过现实的改造自然的活动,人类淋漓尽致地展现自己的主观能动性。"工业的历史和工业的已经

---

① 马克思:《1844年经济学哲学手稿》,人民出版社2000年版,第106页。

产生的对象性的存在，是人的本质力量生活体现，是一本打开了的凝聚着人的本质力量的书，是感性地摆在我们面前的人的心理学"[1]。工业化进程的开展正是人类本质力量展现的过程，然而，随着人们大力发展工业，工业生产利用和索取了大量自然资源，导致自然资源日益枯竭，废水、废气和废渣污染了河流、空气和土地，并且由工业污染引发的各种疾病严重损害人类的身体健康。就像马克思所说："在通常的、物质的工业中，正像工业的对象化的成果既可以肯定人的本质力量，使人的才能得到充分的施展一样，人的对象化的本质力量会以感性的、异己的、有害的对象的方式，异化的形式呈现在我们面前。"

由此可见，自然界不仅可以充分展现人的本质力量，也可以对人不合理的变革自然的活动进行报复。如果没有意识到人与自然之间还存在否定性的对象性关系，而是一味地索取资源、排放大量废弃物，那么自然也势必以各种方式否定与人的对象性关系，从而无情地否定人类的存在方式。既然自然既可以对人的本质力量进行充分的肯定，也可以对人的存在方式进行无情的否定，那么人们就必须从对象性关系的

---

[1]《马克思恩格斯全集》第42卷，人民出版社1979年版，第127页。

角度来审视人与自然的关系，校正对自然界的错误认识，适度利用自然界，以期达到人与自然的和谐共生。

第三节　马克思人化自然观的认识论维度

马克思认为人对自然的认识不是一次完成的，需要经过多次反复才能认识事物的本质。人的能动性决定了人每天都在改变周围的环境以适应自己的需要。正如马克思在《1844年经济学哲学手稿》中指出："人对世界的任何一种人的关系——视觉、听觉、嗅觉、味觉、触觉、思维、直观、情感、愿望、活动、爱——总之，他的个体的一切器官，正像在形式上直接是社会的器官的那些器官一样，是通过自己的对象性的关系，即通过自己的同对象的关系对对象的占有。"从这里我们可以看出，不论是人们感性认识的对象，还是理性思维的对象，都可以被纳入人的认识范围之内，与人都有一种属人的关系，都属于"人化自然"的范畴。随着人们认识过程的不断进展，自然界被不断打上人的"印记"，成为"人化的自然界"。这里的"印记"既包括人类实践的"印记"，也包括人类认识的"印记"。然而，人们的认识能力是有限的，无法通过一次认识过程就实现对客观世界的正确认识，只有经过多次反复，才能把握事物的本质。严格地说，即使通过多次反复认识到的事物本质也是暂时的和相对的。

在人们认识自然规律以前，人们的行动是盲目的，是受这种自然规律支配的。人们只有通过反复的实践、认识、再实践、再认识从而达到了对规律的认识，人们的行动才由必然性王国进展到自由王国。实际上，人类的发展史就是一部充满着与客观世界的各种必然性作斗争的历史。人们的认识过程是反复无限、以至无穷的，而人们每完成一次认识过程，对自然的认识就会达到一个新的高度，然后在此基础上又继续前进，每一次都有更新的收获，每一次都达到更新的高度。在人类的认识活动中，实践始终起着基础和决定的作用。

一、实践是人认识自然的基础

人类的意识不仅是自然界长期发展的产物，而且也是社会的产物。社会实践，特别是劳动，在认识的产生和发展中起着决定的作用，社会实践为认识的产生和发展提供了客观需要和可能。

马克思强调指出："凡是有某种关系存在的地方，这种关系都是为我而存在；动物不对什么东西发生'关系'，对于动物来说，它对他物的关系不是作为关系存在的。因而，意识一开始就是社会的产物，而且只要人们存在着，他就仍然是这种产物。"马克思不止一次地强调这样观点，他说任何人类历史的第一个前提无疑是有生命的个人的存在。因此第一个需要确定的具体事实就是这些个人的肉体组织，以及受肉体组织制约他们与自然界的关系。在这里马克思明确指出，人与自然关系是人类历史的最初的物质生产实践活动，因为人为了生存，就需要衣、食、住、行等生活资料，为了获得这些基本的生活资料，就需要不断地与自然界进行物质交换。在"物质交换"中，人能动地反映外部自然界，形成了人与自然的认识关系，所以，人们始终是从生产实践出发来看待自然界的。这是因为只有在这种交换活动中，自然界才被纳入社会历史范围内，成为人的现实生活的重要组成部分，人的主观自然与构成人的世界基础和周围环境的客观自然才紧密联系在一起，否则，脱离现实的实践活动，从抽象的"自在自然界"出发来认识世界，不会取得任何实质性的成果，援引人类出现以前的自然界，援引与人类的实践活动无关的自然界，对于解释人类社会何以如此这般，何以"成为现在这种样子"是无济于事的，因而是没有意义的。

二、观念的自然是对现实自然的反映

马克思指出："观念的东西不外是移入人的头脑并在人的头脑中改造过的物质的东西而已。"人类在生产实践中形成的观念自然，不是脱离现实生活过程的抽象符号，而是与人类处于对象关系中的现实自然。

马克思人化自然观中的"现实的自然"有两种存在形式：物质的自然和观念的自然。这样一来，人的对象化活动就被分为两类，即实在的对象化活动和观念的对象化活动。实在性的对象化活动就是人类对自然的物质性把握方式，即物质性生产活动。在这种人与自然的物质变换活动中，人类必须遵循自然物质变换所具有的客观规律。观念性的对象化活动是指理论、艺术、宗教等精神性活动，人类真正的精神性活动是从物质劳动和精神劳动的分工才开始的，人们发展的意识在现实的历史发展过程中通过分工而发展。分工只是从物质劳动和精神劳动分离的时候起才真正成为分工。从这时候起意识才能现实地想象：它是和现存实践的意识不同的某种东西；它不用想象某种现实的东西就能现实地想象某种东西。从这时候起，意识才能摆脱世界而去构造纯粹的理论、神学、哲学、道德等。

在这种观念性的活动中，人们可以根据自己意愿，摆脱外在自然界的实在限制，从而创造出符合自身本性的客体。这种观念性活动所对象化出来的客体是一个充分展现人的精神性力量的抽象符号，是人的本质力量的生动表现，是人们对自然界的观念性把握方式。对于物质性的把握方式和观念性的把握方式之间的关系，在马克思看来，物质性的把握方式是第一位的，是人类认识自然的最基本的方式，而人对自然的观念性把握方式，是第二位的，是在物质性的把握方式中形成和发展的。因为物质性的对象性活动使观念性的对象活动具有了现实的内容，如果撇开现实的对象化活动，那么观念性对象化活动的客体都无法得到科学合理的解释，因为观念性的对象性活动本身没有内容，正是物质性的对象活动赋予其内容和意义。所以马克思说：不仅五官感觉，而且所谓精神感觉、实践感觉（意志、爱等等），一句话，人的感觉、感觉的人性，都只是由于它的对象的存在，由于人化的自然界，才产生出来的。五官感觉的形成是迄今为止全部世界历史的产物。

三、自然观是一个历史演进过程

人与自然的关系的发展反映的是人类文明与自然演化的相互作用。既然人类对自然界的观念性认识是在生产实践中形成和发展的，那么人类的观念性认识必然随着人类实践活动的深化而不断发展，是一个历史演进过程。从原始社会人对自然的狭隘关系到现代社会人类改造自然、征服自然的关系，再到共产主义社会人与自然和谐相处的关系，人对自然的认识经历了一个漫长的发展过程。

原始社会人们认识自然和改造自然的能力极其低下，与此相应，人们在物质生产生活过程内部形成的关系，即他们彼此之间以及他们同自然界的实践关系是狭隘的。劳动生产力水平低下，无论是人在实践领域的广度上还是在生产劳动的深度上，人们都局限于狭隘的活动领域和较低水平的利用和改造自然上。这种狭隘的活动领域使人们形成了较为狭隘性的自然观，其具体体现在古代的自然宗教和民间宗教中。在这种狭隘自然观的支配下，原始人认为自然界起初是作为一种完全异己的、有无限威力的和不可制服的力量与人们对立的，人们同它的关系完全像动物同它的关系一样，人们就像牲畜一样服从它的权力，因而，这是对自然界的一种纯粹动物式的意识。这种自然观，既反映了当时社会生产力水平的极端低下和人的认识能力局限性，又体现了原始人对无力抗拒的大自然的崇拜、敬畏、憧憬等心理活动，在此状态下，对自然界的虚幻的、歪曲的反映便开始在原始人的头脑中形成。但是，随着人们实践活动的不断深化和认识能力的不断提高，人化自然观将会得到进一步发展，因为思想、观念、意识最初是直接地与人们的物质生活，与人们的物质交往，与现实生活的语言相互交织在一切。人们的想象、思想、精神交往在这里还是物质行动的直接产物。

在工业时代，随着科技进步和人类知识水平提高，人类认识和改造自然的能力不断增强，人类再也不像动植物那样屈从于自然界的统治了，而似乎成为世界万物的统治者，人和自然的关系发生了巨大变化。在这一时代，自然观的突出特征是重人而轻自然的物化自然观，将人视为自然界的统治者，而将自然仅仅看作是人类控制的对象或者是实现人的目的的工具。霍尔巴赫说，人类必然确信整个大自然系为他而造,自然界在完成它的全部业绩时心目中只有人。他的这一表述将人的意志凌驾于自然之上,是工业时代以人为中心的自然观的典型体现。

马克思认为:"对自然界的独立规律的理论认识本身不过表现为狡猾,其目的是使自然界(不管是作为消费品,还是作为生产资料)服从于人的需要。"①从满足个人的需要出发,各个资本家从事任何生产劳动他们首先考虑的只能是最近的最直接的结果即为了直接的利润而从事生产和交换。只要能够获得普遍的利润,一个厂主或商人就很乐意地卖出他所制造的商品时,而不关心商品以后是否会对买主产生危害性影响;只要能够满足自己需要,他们就很高兴地买进自己所需要的商品,而不管这种商品是靠多大的资源和环境代价换来的。这样的自然观,势必就会对改造自然的实践行为产生严重影响,这种只追逐眼前利益而无视长远利益的自然观必然助长人们的短视行为,正如恩格斯所说:"在古巴西班牙的种植场主曾经焚烧山坡上的森林。以木炭给咖啡树做肥料,虽然这些肥料可供最能盈利的咖啡树施用一个世纪之久,后来毫无掩饰的沃土竟被热带的倾盆大雨冲毁,只留下

---

① 《马克思恩格斯全集》第46卷,人民出版社1979年版,第393页。

赤裸裸岩石，这怎么会引起西班牙种植场主的反思呢？这同他们又有什么相干呢？"①

作为发展中国家，我国打算用几十年的时间完成发达国家在上百年的时间内才完成的工业化过程，因此，资本主义国家的工业化过程给生态环境产生的严重影响在我国工业化过程中必然会有所体现。贯彻"人定胜天"、片面夸大人的能动性、忽视自然规律是我国工业化过程中的突出问题。尽管"人定胜天"理念在一定程度上能够激发人们进行现代化建设的积极性，但由于片面夸大人的主观能动性，对自然只讲索取不讲补偿、只讲利用不讲建设，这实际上把自然看作是被奴役的对象。于是，过度性放牧、掠夺性采矿、毁灭性砍伐等掠夺自然、破坏自然的问题相继出现。自然生态平衡的恢复是具有客观规律的，需要一个长期过程，因此，生态环境问题在今后的一段时期内仍将对人们的生产生活产生严重影响。

未来的共产主义社会将会形成和谐的自然观。所谓和谐自然观，是指人通过社会实践活动引起、调节和控制人与自然之间的物质交换过程中，统筹人与自然和谐发展，尊重

---

① 《马克思恩格斯选集》第3卷，人民出版社1995年版，第519页。

经济发展规律和自然规律，使人民在良好生态环境中生产生活，实现经济发展与人口资源环境相协调、人与自然和谐共生。

马克思在《神圣家族》中同样表达过类似的观点。在该书中，马克思认为人们居住的自然环境应该是健康的、合乎人性的，因此人们必须这样来安排周围的世界：使人在周围世界中能认识和领会真正合乎人性的东西。尽管工业时代的经济发展在很大程度上没有建立在资源环境可承受能力的基础上，导致人与自然关系出现了不和谐状况，但并不意味着人类只能听从自然的摆布，而应是坚信人能够掌握自然规律，按照生态文明方式对自然进行恢复补偿，合理调节人与自然之间的物质变换。这种符合生态文明的生产方式应该是：社会化的人，联合起来的生产者，将合理地调节他们和自然之间的物质变换，把它置于他们的共同控制之下，而不让它作为盲目的力量来统治自己；靠消耗最小的力量，在最无愧于和最适合于他们的人类本性的条件下来进行这种物质变换。

符合生态文明方式的生产方式永远都是尊重自然规律与满足人的需要的有机统一，联合起来的劳动者自觉地、合理地调节人与自然界之间的物质变换，协调人与自然关系，从而开创人与自然关系和谐的新时代。在共产主义社会，生产资料公有制将是社会共同体、联合起来的生产者存在共同的公共利益，他们之间不会存在个人利益和公共利益之间的矛盾，不会存在用个人利益换取共同利益、用资源环境换取经济利益的主观冲动，因此，他们将会在最适合人类本性和最有利于生态环境保护的条件下，进行人与自然之间的物质变换，实现人与自然之间的和谐共生。正如马克思在《资本论》中所阐述的那样，只有在共产主义的社会形态中，联合起来的生产者将可能合理地调节他们与自然之间的物质变换，合理睿智地处理人与自然的关系。"这种共产主义，作为完成了的自然主义——人道主义，而作为完成了的人道主义——自然主义，它是人和自然界之间、人和人之间的矛盾的真正解决，是存在和本质、对象化和自我确证、自由和必然、个体和类之间的斗争的真正解决"[①]。

[①] 马克思：《1844年经济学哲学手稿》，人民出版社2000年版，第81页。

第四节　马克思人化自然观的历史观维度

关于自然与历史的关系历来是哲学家们非常关注的问题。在马克思看来，关于人和自然、主体和客体的关系问题，离开实践的观点是无法得到解决的，人和自然的对立统一都离不开人的实践活动。人类不仅有自己的历史，而且自然界也有自己的历史。正如施密特所说："黑格尔和18世纪一般的机械唯物主义者一样，把自然看成是互不关心的存在物之物质分离状态，在他那里，严格意义上的自然史并不存在。"以往哲学家探讨自然和历史的问题，无论唯心主义还是旧唯物主义都把自然和历史割裂开来，造成了自然和历史的对立，这都归咎他们所处时代的局限。

一、人与自然的关系本质上是人与人的社会关系

人们在社会生产过程中，不仅和自然结成一定的关系，而且人与人也结成一定的关系。为了进行生产劳动，人们便发生一定的联系和关系；只有在这些社会联系和社会关系的

范围内，才会有他们对自然界的关系，才会有生产。这是因为一切生产都是个人在一定社会形式中并借这种社会形式而进行的对自然的占有。可见，人与人的关系和人与自然的关系的互为前提，人与自然的关系以人与人的关系为中介而体现出来。

人与自然的关系是人与人关系的前提。人类为了生产，必须与自然界进行物质交换。因此，人与自然的关系是人类历史的第一个需要确定的实事。在商品生产者的社会里，一般的社会生产关系是这样的：生产者把他们的产品当作商品，进而当作价值来对待，而且通过这种物的形式，把他们的私人劳动当作等同的人类劳动来互相发生关系。在商品生产者的社会里，人通过"物的形式"而互相发生关系，人与自然的关系成了人与人关系的中介和前提。不仅商品经济时代，而且整个社会历史过程都是以"自然物"为中介而发生关系，"历史的每一阶段都遇到一定的物质结果，一定的生产力总和，人对自然以及个人之间历史地形成的关系，都遇到前一代传给后一代的大量生产力、资金和环境，尽管一方面这些生产力、资金和环境为新的一代所改变，但另一方面，它们也预先规定新的一代本身的生活条件，使它得到一定发展和具有特殊的性质。由此可见，这种观点表明：人创造环境，同样，环境也创造人"①。"一定的物质结果"是人与自然物质交换的结果，体现了人与自然之间关系，它预先规定新的一代本身的生活条件，并且为新的一代所改变，就是在这样的循环往复中，人与人之间发生一定社会关系，推动人类历史不断向前发展。

从人类历史的发展进程来看，人与人的关系在一定程度上决定了人与自然的关系。按照马克思观点，人与人的关系在一定程度上决定人与自然关系，人与自然的关系体现着人与人的关系，"人们在生产中不仅仅同自然发生联系……他们如果不以一定方式结合起来共同劳动和相互交换其活动，便不能进行生产。为了进行生产，人们便发生一定的联系和关系，只有在这些社会联系和社会关系的范围内，才会有他们对自然界的关系……才会有生产。"②人与自然的关系离不开人与人的关系，人类只有在一定社会形式中才能产生对自然关系，利用和改造自然，对自然的演化产生巨大影响。"现代化学的应用不断改变着土质，而地质科学目前又在开

---

① 《马克思恩格斯选集》第1卷，人民出版社1995年版，第96页。
② 《马克思恩格斯全集》第6卷，人民出版社1965年版，第486页。

始推翻过去相对肥沃的全部估价，……肥沃决不像所想的那样是土壤的一种天然素质，它和现代社会关系有着密切联系。"①土质的改变和土地估价的被推翻是自然科学发展和现代社会关系的产物。不仅土地而且整个自然界都因现代自然科学和现代工业而发生巨大变化。"工业是自然界同人之间，因而也是自然科学同人之间的现实的历史关系。因此，如果把工业看成是人的本质力量的公开的展示，那么自然界的人的本质，或者人的自然的本质，也就可以理解了。"②自然科学的发展是当时人类的社会生活决定的，它只有奠定在人类社会发展的基础上，才能真正成为人的科学，所以说现代自然科学和现代工业一起变革了整个自然界。

综上所述，依据马克思观点，人与自然的关系是人与人的关系的物质前提，人与自然关系是人与人关系的具体体现。人与人的关系在一定程度上决定人与自然关系，使自然界按照人的目的发生变化。人与自然的关系和人与人的关系相互制约、紧密联系。

---

① 《马克思恩格斯全集》第32卷，人民出版社1974年版，第384页。
② 《马克思恩格斯全集》第42卷，人民出版社1972年版，第128页。

二、人与自然的对象性关系是历史发展的

人与自然相互表现、相互肯定的对象关系,不是永恒不变的静止状态,而是在人类不断改造自然,即人与自然进行物质变换的活动中实现的,是在动态的过程中实现的。在这一过程中,无论人的劳动形式还是对象化的内容都是随着历史的发展和不断发展的。

劳动形式是不断发展的。马克思认为劳动是"人用来实现人和自然之间的物质变换的一般人类生产活动,它不仅已经摆脱一切社会形式和性质规定,而且甚至在它的单纯的自然存在上,不以社会为转移,超乎一切社会之上,并且作为生命的表现和证实,是还没有社会化的人和已经有某种社会规定的人所共同具有的。"①尽管马克思这段论述说明人和自然之间物质变换的劳动是一切社会形式的基础,贯穿于人类社会历史发展过程始终,无论是人类社会历史的诞生和发展还是人类的生存和发展都离不开劳动,但是,马克思同时强调劳动的形式是辩证发展的,"就劳动过程只是人与自然之间的单纯过程来说,劳动过程的简单要素对于这个过程的一

---

① 《马克思恩格斯全集》第25卷,人民出版社1974年版,第921页。

切社会形式来说都是共同的。但是劳动过程的每个一定的历史形式，都会进一步发展这个过程的物质基础和社会形式。这个一定的历史形式达到一定的成熟阶段就会被抛弃，并让位给较高级的形式。"①这表明劳动贯彻于一些社会形式中，而这种劳动形式是历史发展的。例如，在未来的共产主义社会，社会生产力高度发展、物质财富极大财富、精神境界极大提高，到那时，农业、矿业、工业，总而言之，一切生产部门都将逐渐地用最合理的方式组织起来……生产者按照共同的合理的计划自觉地从事社会劳动。

　　对象化的劳动产品也是不断发展的。"动物和植物通常被看作自然的产物，实际上它们不仅可能是上年劳动的产品，而且它们现在的形式也是经过许多世代、在人的控制下、借助人的劳动不断发生变化的产物。"②人改造自然的产物是不断变化的，自然人化的产品作为人改造自然的成果，也是随着劳动的变化而不断发展的，并且自然人化的产品表现了人调节和控制自然的能力，体现着社会生产力水平，"自然界没有制造出任何机器，没有制造出机车、铁路、电

---

① 《马克思资本论》第3卷，人民出版社1975年版，第399页。
② 《马克思恩格斯全集》第23卷，人民出版社1972年版，第206页。

报、走锭精纺机等。它们是人类劳动的产物，是变成了人类意志驾驭自然的器官或人类在自然界活动的器官的自然物质。它们是人类的手创造出来的人类头脑的器官；是物化的知识力量。"[①] "物化的知识力量"，这种人化自然的产物，既表明人类现实的生活过程已经在多么大的程度上受到人的本质力量的控制并按照这种本质力量得到改造，也表明人的本质力量已经在多大的程度上变成了直接的生产力。在自然人化的过程中，随着生产效率的提高、需要的增加以及作为二者基础的人口的增长，劳动形式和劳动的内容是不断变化发展的，那么以劳动为中介的人化自然过程也同自然史一样是一个历史发展过程。

---

① 《马克思恩格斯全集》第46卷，人民出版社1980年版，第219页。

第四章 马克思人化自然观的理论特征

马克思通过对以往自然观,尤其是黑格尔客观唯心主义自然观与费尔巴哈人本学唯物主义自然观的扬弃和改造,从而创立了崭新的自然观,在自然观上完成了哲学主题的革命性转变。同时,马克思又是在批判社会制度和社会变革的语境下来把握人与自然内在关系。这样使马克思的自然观具有了与以往自然观不同的新特征。

马克思人化自然观有其鲜明的理论特征。马克思人化自然观的最根本的理论特征是它的实践性。在深刻洞察人化自然的实践的基础上,马克思将辩证法运用于人对自然的关系的考察,使他的人化自然观具有深刻的辩证性。通过现实的自然界的阐述,马克思人化自然观的现实性得到了充分的展现。而马克思对资本主义社会破坏自然的现状与对旧自然观的批判则充分体现了马克思人化自然观的批判性。对马克思人化自然这些理论特征的探讨可以深化我们对马克思人化自然观的认识。

第一节 马克思人化自然观的实践性

实践性是马克思主义哲学的根本特点，也是马克思人化自然观的重要理论特征。从实践出发考察人与自然，以及人与人之间的关系，是马克思人化自然观超越旧自然观的关键所在，对实践活动的研究和考察是贯穿马克思人化自然观的一条主线。

自从人类诞生以来，自然就成为人类所关注的问题，从而也成为整个西方哲学界研究的重点。在费尔巴哈唯物主义哲学产生之前，包括黑格尔在内的哲学家都把自然看作是理念的产物，"这个关于自然的问题，说到底也是唯一困扰着贝克莱、休谟、康德和黑格尔这些伟大的心灵哲学家的问题"[①]。费尔巴哈批判了这种自然观尤其是黑格尔客观唯心主义自然观。他认为，人自身就是自然的产物，自然界是人与自然的基础，对自然界所作的一切解释，总是已经以自然

[①] [英]柯林伍德：《自然的观念》，吴国盛译，北京大学出版社2006年版，第9页。

界作为前提。费尔巴哈解决了人与自然的关系问题，恢复了唯物主义的权威。然而，他把自然界和人都看作非历史、非实践的存在物，从总体上看，费尔巴哈的自然观仍然是抽象的。人类在创造历史的实践活动中不断把天然自然转化为人化自然，而这种自然界才是人类真正现实自然界。黑格尔把自然和人的现实活动相联系并体现人类历史不同发展阶段的现实自然界看成是绝对理念的异化物，看成与人无关的自然界，马克思认为，这种抽象的和人为分割的自然界对人来说毫无意义可言。哲学要关注的问题应当是纳入人的实践活动的人化自然。马克思正是以实践的思维方式来审视自然界，从而与那些把自然抽象理解为与人相分离的旧自然观区别开来。

施密特对马克思视野中的自然进行了论述，他说，"自然之所以引起马克思的关切，比什么都重要的是它首先是人类实践的要素"。施密特认为，马克思重视自然的原因是由于它是人类实践的要素，离开人的实践活动去理解自然，这是毫无意义的。与此同时，马克思批判了德国哲学家关于自然科学是由于理性批判而发展的结果，强调自然科学的社会实践性，他认为正是由于工商业及商业贸易的发展促进了自然科学的繁荣。马克思认为，自然科学通过工业活动进入到人类的社会生活之中，日益影响着人类实践活动，推动人类历史向前进，工业就是自然科学和人现实历史的关系，两者统一于人类历史的进程之中。总之，马克思从实践的视角去考察和理解自然，全面而深刻地阐释了人与自然关系之间的本真关系，彰显了马克思自然观的实践特征。马克思人化自然观的实践性主要有以下表现：

一、实践是马克思人化自然观的立论基础

马克思认为人的实践活动特别是劳动实践是感性世界和人化自然观的基础，现存的感性世界是人的实践活动创造的，如果没有实践活动就不会存在感性世界。马克思在阐述实践对于人化自然观的形成的重要作用时，批判了费尔巴哈没有将自然界当成实践去理解，马克思认为，人通过实践活动创造自然界，改变自然界，然后证明自己是有意识的类存在物，人化自然是人类实践的产物，它的变化只能透过实践关系来理解。

马克思批判了旧唯物论中关于人是环境和教育的产物这一思想："关于环境和教育起改变作用的唯物主义学说忘

记了：环境是由人来改变的，而教育者本人一定是受教育的……环境的改变和人的活动或自我改变的一致，只能被看作是并合理地理解为革命的实践。"[①]马克思还指出：劳动这一人类基本的实践活动是人类和自然进行物质交换的前提，人化自然也是人类实践的产物，只有经过人类的实践活动改造的自然界才有了真正意义的实践特性。

二、人化自然所具有的实践性

在马克思看来，自然界始终是人的实践的产物，虽然自然界先于人而存在，但是马克思批判那种离开人而谈论自然界的观点，现实的自然只能是人类长期活动而形成的自然，这些自然是打上人类烙印的自然，是人化的自然。而费尔巴哈恰恰没有看到这一点，费尔巴哈眼中的自然界是尚未在人的统治下的自然界，他的"可靠的感性"没有意识到"他周围的感性世界决不是某种开天辟地以来就已存在的、始终如一的东西。而是工业和社会状况的产物，是历史的产物，是世世代代活动的结果"。这也是费尔巴哈无法取得进步的原因。在马克思看来，人们生活在其中的自然界以及人自身都

---

① 《马克思恩格斯选集》第1卷，人民出版社1995年版，第55页。

是人类实践活动的产物，人在生产实践活动中把自然界对象化。马克思说，"这种生产是人的能动的类生活。通过这种生产，自然界才表现为他的作品和他的现实。因此，劳动的对象是人的类生活的对象化：人不仅像在意识中那样在精神上使自己二重化，而且能动地、现实地使自己二重化，从而在他所创造的世界中直观自身"，只有经过人类改造的自然界才是"真正的、人本学的自然界"。总而言之，马克思、恩格斯确立了从实践出发去考察人与自然关系的视角，既从实践去理解人与自然的分化与对立，又从实践去探寻人与自然的和谐统一，从而真正揭示了人与自然关系的全部奥秘，创立了马克思主义的辩证唯物主义的自然观。马克思充分肯定了实践活动在人化自然观中的作用和地位，也展示了人化自然观的实践特性。

第二节　马克思人化自然观的辩证性

马克思自然观的另一个显著特征就是辩证性。众所周知，马克思批判地继承德国古典哲学中的辩证法因素，并把它和自然观结合起来，从而确立了"辩证法的同时是唯物主义的自然观。"恩格斯指出:"马克思的功绩就在于,他和今天在德国夸夸其谈的那些令人厌烦的、狂妄而又平庸的模仿者们相反,第一个把已经被遗忘的辩证方法、它和黑格尔辩证法的联系以及它和黑格尔辩证法的差别重新提到使人注意的地位。"黑格尔哲学中的辩证法对马克思的影响是非常大的,是马克思哲学的思想来源。

马克思对黑格尔辩证法进行了改造,把作为辩证法基础的唯心主义颠倒成为唯物主义,只有在辩证法建立在马克思理论视野中的唯物主义即实践唯物主义的基础之上时,辩证法就会成为其真正意义上的"合理内核",才能真正恢复其革命性。与此同时,马克思把建立在"合理形态中"的辩证法运用于考察自然界。

一、人化自然是不断发展变化的

马克思认为,人类改造自然的内容与方式是不断发展变化的。他指出:"动植物,虽常被视为自然生产物,但不仅它们是前年度劳动的生产物,即其现形,恐怕还是许多代,在人类管理下,以人类劳动为媒介而继续发生变形的生产物。"在马克思看来,消费的对象、消费的方式,不仅在客体方面，而且在主体方面，都是人们所生产出来的。动物和植物现在的形式也是经过许多世代、在人的控制下、借助人的劳动不断发生变化的产物。从自然人化的形式上来看，人类加工改造自然的方式也是由一定的时代条件所规定的。人类改造自然必须借助于一定的社会形式，人与自然间的物质变换在不同的历史时期具有不同的形式。在生产劳动中无论是生产的主体还是劳动材料既是运动的结果，又是运动的出发点。这体现出马克思自然中的辩证法思想。

二、人类历史随人化自然的发展而发展

马克思认为自然与历史是一种辩证的关系，他对那种把自然与历史的差异和统一割裂开来的思想批判道，"'人的理智'来自'生活深处'，并且不会因为任何哲学的或其他学术研究而破坏自己天然的习性，它的全部粗俗性格表现在：在它看出有差别的地方就看不见统一，在它看见有统一的地方就看不出差别"[1]。这种将自然与历史对立分割的观点是最有害的诡辩，是对辩证法的漠视。他认为将统一和差异对立起来的观点是粗俗的、不符合辩证法的。在这种错误观

---

[1] 《马克思恩格斯全集》第4卷，人民出版社1958年版，第332页。

点的影响下，产生了"关于自然和历史的对立"问题，好像这是两种互不相干的东西，好像人们面前始终不会有历史的自然和自然的历史。自然与历史是相互辩证的关系，辩证法本身就内在于人类历史的进程中。只有将辩证法与人类的历史是实践活动联系起来，才能解除辩证法的神秘外壳。施密特的这些论述充分肯定了马克思关于自然的辩证法思想，这也基本上符合马克思本真原意。

三、劳动体现了人化自然的辩证性

马克思认为劳动还体现了人化自然的辩证性。在劳动过程中，劳动不断由动的形式转化为存在的形式，由运动形式转化为物质形式。而人化自然就是这种辩证运动的产物。同时这种辩证运动也形成了社会的生产关系。马克思考察了资本主义的生产关系，指出了这种生产关系的历史性。他论述了人与自然通过劳动进行着物质变换，在劳动过程中形成了人与自然以及人与人之间的关系，这些关系都是历史的产物。同时马克思认为，劳动形式也是变化发展的。作为人与自然之间的物质变换过程，劳动对于一切社会形式都是共同的，但劳动形式是随着人类历史的发展而发展的。马克思还指出，劳动产品作为人类改造自然的结果，也只是自然人化过程中的阶段性结果，随着劳动的进一步发展，劳动产品将作为新的生产资料而出现。马克思还通过分析劳动对材料的改变阐述了劳动的辩证性，从而阐明了随着劳动的发展而发展的人化自然的辩证法。

总之，马克思运用辩证法考察并阐述了人化自然的内容和形式、历史与人化自然的关系、人与自然之间的物质变换等问题，他从自然事物的不断运动、变化和发展中，理解和把握自然事物，阐释了自然事物的发展规律，从而彰显了在自然观上的辩证特征。

第三节　马克思人化自然观的现实性

马克思所考察的自然界是现实的自然界。马克思人化自然观中所论述的自然界，具有强烈的现实性。在马克思看来，人类通过实践活动将自在的自然转变为自为的自然，只有这种在人类历史中形成的自然界才是现实的自然界，才是真正的人化自然界，才是对人有意义的自然界。

在人化自然中，与人处于对立统一中的自然具有自己的自在性。人的实践活动改变的是它的外部形态、内部结构，但只能对其自在性中做出改变。人的舞台是"自然"的舞台，人的活动是主观目的统一于自然的自在规律之中，人的作用是使自然（包括人的身体）的自然的规律以人的需要的形式展现出来。人作为具有意识的存在把自己的意识作用于对象世界，形成了相互的生成——世界对人的生成和人对世界的生成。而这个过程是以劳动实践过程表现的，在这个过程中，同时改变了人本身和人的世界，即人化自然。

马克思说明了劳动过程首先是人对自然的作用，人的活动引起人与自然之间的物质变换，体外自然和体内自然产生了相应的变化，人的目的就体现其中。从外部范围看，即在自在的意义上这完全是一个自然的过程，完全是自然力之间的相互作用。作用的双方分别是主体人和作为对象资料的客观自然。只是因为人的意识目的性使这一过程表现出"理性的狡计"，人的目的就这样强加给自然。主客体在现实中达到了统一，表现出来就是"人化自然"。即随人类历史活动而出现的合目的性与合规律性统一的现实世界。作为人的精神活动和实践活动对象的世界。

人化自然表现出来的目的性不是主观内在的无限目的，

而只能是被中介了的客观化了的目的。人的目的因此而客观化，这是因为与之相对立的存在——自在自然。相对于具体概念的"人化自然"，"自在自然"只是一个抽象概念。作为标志人类活动的具体概念，"人化自然"具有辩证的发展历史，"自在自然"只是处于人类活动之外，未被理论活动和实践活动所把握的自在的存在的一个设定，即只是一个不可言说的、混沌的抽象的存在。只是因为其独立于人的活动的自在性而称其为"自在自然"，是为人类所未曾涉及的非历史的"存在"。但它仍是个"存在"，也就是说"自在自然"是脱离人类社会的自然。

在马克思看来，只有在人类创造历史的实践活动中生成的自然界才是现实的自然界，而只有现实的自然界才是真正的、人本学的自然界。马克思在他的人化自然观中谈论的自然界基本上都是这种意义上的自然界。马克思对"现实的自然界"做了深刻的论述，充分展现了马克思人化自然观的现实性特征。

一、人与自然、人与社会的关系是现实的

就人与自然关系的现实性方面，马克思认为人只有依靠

现实的、感性的自然界才能表现自己的本质力量。这是马克思人与自然关系思想的基石。就人与人的关系的现实性，马克思认为人与自然的关系是人的现实生活与意志对象之间的关系的反映，从而也是人与人关系的反映，而这种关系只有在现实的个人生活中才能体现出来。在这里，马克思是将自然与社会历史紧密地联系在一起来理解的，他认为在历史的实践活动中的自然界才是"现实的自然界"。这个"现实的自然界"是与社会紧密相关的自然界。

二、人类史与自然史、人的科学和自然科学的关系也是现实的

马克思认为，人的第一对象是现实的自然界，而人的本质力量只有在现实的自然界与自然科学中才能得到体现。人在改造自然的现实活动中创造着人类历史并发展了自然科学。正是在这个意义上，马克思说，人与自然的关系体现在工业这种人对现实的自然界的改造活动中。

马克思认为人化自然的历史发展也是现实的。马克思认为任何一个时代的现实的自然物质都是这个时代的人类思想的基础，而对自然物质的态度和使命，也是由现实的历史状

况所决定的。马克思认为，在他所处的时代，资产阶级负有为新世界创造物质基础的使命。他们要促成以全人类相互依赖为基础的世界交往，也要发展生产力，把物质生产变成在科学的帮助下对自然力的统治。而在未来的共产主义社会，生产力水平高度发达，人们改造自然界的能力将大大提高。共产主义社会的生产者在物质生产中的使命则是按照合理的计划从事社会劳动，在社会劳动中合理地改造现实的自然界。总之，不管在哪种社会形态中，现实的自然界都是人类历史的基础。

三、客观自然和现实自然的转换是现实的

马克思还从客观的自然界与现实的自然界之间的转换关系方面阐述了自然界的现实性。他认为自然界是客观存在的，是人类劳动的客观物质前提，是劳动的客观条件。同时，马克思指出，虽然自然界是客观存在，但客观存在的自然界不一定都具有现实性。如果这个客观存在没有在实际中得到应用就不是现实的。同样，客观的自然界如果没有人的活动介于其中的话，也只是可能性的自然界，而不是现实的自然界。要使可能的自然界变成现实的自然界，要通过人的

实践活动的介入。马克思所论述的人化自然就是这种有人的活动介于其中的现实的自然界，体现了人化自然观的现实性特征。

第四节　马克思人化自然观的批判性

马克思所生活的年代仅仅是资本主义社会发展的初期，其社会固有的矛盾还没有完全暴露出来，但马克思已看出资本主义社会的过渡性和暂时性。继而从三个方面进行了批判。

一、对资本主义社会的批判

资本主义社会是人类社会最后一个私有制社会，它来到这个世界上，给整个社会带来了巨大的生产力和丰富的财富，推动着人类历史向前迈进了一大步。但是，私有制导致了人与物的同时异化，要消除这种异化现象，使人与物拥有合乎"人性"的本质，就要消除私有制，所以马克思写到，真正解决问题的出路，是对私有制的伦理批判。资本主义社会的历史过渡性根源在社会化大生产与私人占有生产资料的矛盾，表现在周期性的经济危机；真正生产劳动者不掌握生产资料，而掌握生产资料者不参加生产劳动，并且无偿占有剩余价值。这样经济危机又势必导致政治危机，最终，资本主义社会必然过渡到共产主义社会。

马克思在《资本论》中指出："辩证法不崇拜任何东西，按其本质来说，它是批判的和革命的。"在马克思看来，辩证法的实质就在于批判，马克思在把辩证法与自然观结合的过程也就是不断批判的过程。众所周知，马克思是在对传统自然观的批判尤其是黑格尔与费尔巴哈抽象自然观的过程中形成自己的自然观，如果我们排斥或忽视批判性那就同时忽视了辩证法，也就无从谈起马克思自然观在哲学上实现的革命性变革。由此可知，批判在马克思哲学中具有极其重要的地位。

马克思批判了资本主义社会对自然进行破坏的种种现实状况。他认为，资本主义汇集在各大中心城市的人口越来越占优势。它一方面聚集着社会的历史动力。另一方面又破坏着人和土地之间的物质变换，也就是使人以衣食形式消费掉的土地组成部分不能回到土地，从而破坏土地持久肥力的永恒的自然条件。马克思指出："资本主义农业的进步，不仅为劫夺劳动者的技术进步,且为劫夺地力的技术的进步。"一个国家越是以大工业作为自己发展的起点,这个破坏过程就越迅速。

二、研究方法运用上的批判性

马克思在研究方法的运用上也体现了马克思人化自然观的批判性。马克思主张从实践的视角去审视人、自然、人与自然,以及人与人的关系,马克思通过这种批判的方法对传统自然观,特别是对黑格尔与费尔巴哈自然观,进行了批判。

唯心主义的自然观以黑格尔的自然哲学最为典型。在黑格尔哲学视野里,自然哲学不仅是对自然界的理论考察,也是以绝对理念为核心的各种概念或思维的考察,自然界只是绝对理念的外在表现而已。马克思认为,黑格尔所谈论的那种抽象的孤立的与人分割的自然界,对人而言是毫无意义的。马克思批判了黑格尔自然观的唯心主义性质,指出对黑格尔来说这个自然界不过是在感性的、外在的形式下重复逻辑的抽象概念而已。他重新把自然界分解为这些抽象的概念。因此,他对自然界的直观不过是他把对自然界的直观加

人化的自然

以抽象化的确证行动，不过是他有意识地重复的他的抽象感念的产生过程。马克思认为，这种被抽象地孤立地理解的、被固定为与人分离的自然界，对人说来也是无。

费尔巴哈也批判了黑格尔的这种唯心主义倾向。他指出："新哲学将人连同作为人的基础的自然当作哲学唯一的，普遍的，最高的对象。"以往的唯物主义自然观虽然站在唯物主义立场上，但是由于没有认识到实践对于理解自然、人以及人与自然关系的重要性，没有运用辩证法来考察自然，往往具有直观性和机械性。这一派自然观可以以费尔巴哈的自然哲学为代表，费尔巴哈自然哲学的主要特点就是它的唯物主义立场。他认为："哲学是关于存在物的知识，事物和本质是怎样的，就必须怎样来思想、来认识它们。这是哲学的最高规律、最高任务。"马克思肯定了费尔巴哈对自然所作的唯物主义理解，但是费尔巴哈的这种理解存在重大缺陷，他对现实的对象只是从直观或客体的形式上去理解，因此，以费尔巴哈为代表的旧唯物主义自然观由于本身的缺陷必将被新自然观所取代。

在费尔巴哈直观的唯物主义中，"自然界和人都只是空话。无论关于现实的自然界或现实的人，他都不能对我们说出任何确定的东西"。他只能借助抽象的爱与感觉将人与人、人与自然统一起来，因为他认为，"新哲学建立在爱的真理上，感觉的真理上"。但是，费尔巴哈没能将感性的自然对象"当作感性的人的活动，当作实践去理解，不是从主体方面去理解"。马克思肯定了费尔巴哈自然观的唯物主义立场，但批判了费尔巴哈唯物主义自然观的直观性和抽象性。马克思指出：费尔巴哈想要研究跟思想客体确实不同的感性客体，但是他没有把人的活动本身理解为对象性的活动。他不了解革命的、实践批判的活动的意义，因此他的唯物主义带有直观性，而"直观的唯物主义，即不是把感性理解为实践活动的唯物主义至多也只能达到对个人和市民社会的直观"。

马克思认为，要克服费尔巴哈自然观的这些缺陷，就应该运用辩证的方法，从人的实践活动方面去理解自然事物以及人与自然的关系。马克思在《关于费尔巴哈的提纲》中指出：从前的一切唯物主义（包括费尔巴哈的唯物主义）的主要缺陷是对对象、现实、感性，只是从客体的或者直观的形式去理解，而不是把它们当作感性的人的活动，当作实践去理解，不是从主题方面去理解。所以从前的唯物主义直观地看待自然事物，而不能理解人对自然事物的能动性。马克思认为，应该将现实的自然对象当作人的感性活动，当作实践去理解。以这种科学的实践观为基础，马克思进一步指出，人的实践活动是联系人与自然的纽带，对于自然、人以及人与自然的关系，都应该从实践的方面去理解。这种坚持通过实践来考察人与自然的关系的研究方法是马克思人化自然观的批判性的重要表现。

马克思既指出费尔巴哈唯物主义哲学的直观性与机械性，又批判了黑格尔自然哲学的抽象性。同时，马克思既汲取了费尔巴哈自然观的唯物主义立场，又汲取了黑格尔自然观中的辩证法思想，创立了既唯物又辩证的人化自然观。

马克思在批判旧自然观以及资本主义社会破坏自然的现状的基础上，以既唯物又辩证的方法来研究自然史与人类史，阐述了自然史与人类史的有机统一，同时在自然领域与社会领域贯彻了唯物辩证法。在人类的思想史中，只有马克思才第一次将唯物主义与辩证法同时贯彻，运用自然观与历史观中，合理地阐述了自然史与人类史的有机统一，创立了既唯物又辩证的人化自然观。马克思这种在批判旧自然观活动中所运用的辩证法是其人化自然观的批判性的又一重要表现。

第五章　马克思人化自然观的当代价值

今天，地球生态环境受到了严重破坏，出现了全球性的环境污染、气候变暖、物种灭绝、洪水泛滥、旱灾频发等"压倒一切的、划时代的危机"。面对生态恶劣的严峻问题，中国共产党在十八大报告中提出，要"把生态文明建设放在突出地位，融入经济建设、政治建设、文化建设、社会建设各方面和全过程，努力建设美丽中国，实现中华民族永续发展"。建设生态文明，是关系人民福祉、关乎民族未来的长远大计。中共十八大报告首次单篇论述生态文明，把生态文明建设纳入建设中国特色社会主义的总体布局，体现了我国生态文明建设的自觉性不断增强，对中国特色社会主义建设规律的认识达到了新的高度。

第一节　马克思人化自然观的时代反思

一、转变思维方式克服人类中心主义

人对自然的利用和改造在当前正以空前的形式表现出来，人类改造世界使自然充分获得了人的本质而成为人化自然，同时，自然的无比丰富的属性也成为人的主体能力。人通过劳动占有自然。劳动最本质的特点是对象化，结果是人成为与自然相对立的主体，自然成为劳动对象的客体。劳动活动本身就意味着人和自然，主体和客体的对立，而劳动的结果即对象化的结果反过来又成为新来的基础。从而在人化自然的演进中，作为对立中的一极，人必须利用自然的力量为自己的意志服务，在变革世界的过程中，自然和人类都呈现新的面貌。这就是传统哲学的主客二分的思维方式。

这种思维方式认为人是主体，而自然的客体。在这种思维方式的指导下，必然会导致人与自然的对立，人类以自然的统治者自居，强调人的利益和价值，无视自然的规律，肆意的对自然进行掠夺，破坏了自然环境，产生了一系列

的环境问题，威胁着人类的生存和发展。人类中心主义是人类对自身生存系统中人与自然主客体之间关系认识的一种文化观念。人类对自身与自然关系的认识，从人类诞生以来就存在。在原始社会时期，人类不仅没有主宰自然界的主体意识，而且还把自身视为自然界的一部分。即使到图腾崇拜阶段，人类也只是把自身看作某种自然物的后代，希望通过外界自然物来加强自身的力量，协调人与自然的关系。奴隶社会后期，由于奴隶主阶级贪欲及其行为逐渐加强，人类便产生摆脱自然束缚和主宰自然的主体思维意识，这也就是早期人类中心主义，在古希腊，普罗泰戈拉就提出"人是万物的尺度，是存在事物存在的尺度，也是不存在事物不存在的尺度"。这种思维方式可归结为自从工业革命以来，人类掠夺、破坏自然，进而造成当前生态危机最深层次的历史根源，这种根源就是人类中心论。"人类中心论的危害在于，它必然导致自然生活中的人类沙文主义、物种歧视主义。自然生活中的人类沙文主义和物种歧视主义同社会生活中的大国沙文主义、民族歧视主义一脉相承"[①]。

实践是人的存在方式和本质活动，人在实践活动中注定

---

① 刘湘溶：《生态伦理学》，湖南师大出版社1992年版，第49页。

人化的自然

要将自然对象化，异己化，如果说在近代历史条件下，人与自然的对立是不可避免的——因为这不仅是科学独立发展的前提，而且是人自身发展的前提。但在现代社会，这种对立的后果已经不能无视：我们面临自然资源的匮乏和自然整体的失衡。对自然的控制已经变成为对自然的盘剥和掠夺。

在当代，人类文明到了一个新的转折点，僵硬的主客二分思维模式刺激了人类扩张的主体性，不仅人与自然处于紧张状态，如全球性的环境污染和生态危机，而且人与人之间，民族与民族之间也出现了争夺和敌视。自然的危机已经表现为人类的危机，人在与自然的对立关系中产生的"无家可归"感。在当代科学给人们带来多彩的物质世界时，在人们放任于对物欲的追逐和占有时，生活中的受压抑感，无根的不真实感成为了人的"时代病"。地球成为人类进行自我竞技的舞台，人们为实现对自然力的控制而激烈地纷争。人类的理性控制了自然，反过来自然的非理性也报复了人类。要想解决人类所面临的生存危机，首先就要克服人类中心主义，打破主客二分的思维方式，只有转变思维方式才有可能摆正人与自然的位置关系，才有可能正确认识人与自然的关系，才能正确地对待自然，才能与自然和谐发展。

马克思提出了实践的思维方式，打破了传统的主客二分的思维方式，从现实的人的实践出发，去看待人与自然的关系。在马克思看来，人作为自然存在物，和动物一样，必须依靠自然才能生活的，而人又不仅仅是自然存在物，还具有社会属性，具有主观能动性，这是和动物不同的地方。动物只是受动的存在，人因为具有社会属性，具有主观能动性，则可以按照自己的需要，对自然加以改造，使自然满足人自身的需要。那么，人要生存和发展下去，就要不断地对外部的自然进行改造，实践就成为了人的存在方式，通过实践，实现了从抽象的人到现实的人的转换，超越了主客的二元对立，达到了主客同一，实践的思维方式就成为了马克思哲学的基本的思维方式。马克思的自然观克服了传统自然观在认识人与自然关系上的缺陷，打破了传统的主客二分的思维方式，在主客统一的实践思维基础上论证了人与自然的相互依赖关系、对象性存在关系、物质变换关系和再生产关系。强调了自然是人的无机的身体，要求人们爱护自然就像爱护自己的身体一样。这种自然观有利于引导人们转换思维方式，在主客统一中去认识、改造自然。这种自然观也有利于人们转变价值观念，使人们真正认识到自然是人无机的身体，为

人化的自然

了不丧失人类持续生存的基础，人们就必须要用爱心保护自然，用真心改造自然，用美的规律建造自然，自觉地选择人与自然和谐统一的生存方式，从而转变价值观念。

在全球性的生态危机面前，人类必须重新反思人与自然的关系，审视自身的生存方式。马克思认为，人和自然是一个统一体，他说那些"现实的、有形体的、站在稳固的地球上呼出和吸入一切自然力的人通过自己的外化把自己现实的、对象性的本质力量设定为异己的对象时……人直接地是自然存在物"[1]。人类是存在于自然之中的而不是脱离自然而独立存在的。极端人类中心主义的错误归根结底在于人类把自身看作是自然的主宰，自然成为人类随意处置的产品，人与自然之间位置被相互颠倒，使两者关系尖锐对立起来，从而导致了人类对自然界无情的征服与掠夺，这样的结果不仅破坏了自然，而且也破坏了人类赖以生存的环境。我们应该把人与自然的关系位置摆正，要正确理解自然界的规律，按照自然界的规律行事，要合理调节人与人之间关系，坚决摒弃对自然的过分征服与掠夺，并抵制无节制和不合理的开发

---

[1] 马克思：《1844年经济学哲学手稿》，人民出版社1985年版，第124页。

与利用。人类在改造、利用自然的同时必须遵循自然规律，按规律办事。

二、合理利用科学技术循环利用自然资源

在马克思看来，要想实现人与自然的统一，解决人与自然之间的异化，最终实现人与自然的和解，如果仅仅停留在认识层面是根本不行的，必须要采取一些行之有效的措施。依靠科学技术来处理、调整人与自然的关系是马克思的一贯价值主张。马克思不仅认识到科学技术是认识自然改造自然的一种手段，而且他还认识到应利用科技发展实现资源的循环利用。减少环境污染的一个有效途径。正如恩格斯在《在马克思墓前的讲话》中所指出的那样，"在马克思看来，科学是一种在历史上起推动作用的、革命的力量"。按照马克思的观点，科学技术在发现自然资源的新的使用属性、循环利用工业原材料方面发挥重大作用。马克思认为，人类与动物最大的根本不同就在于动物在自然面前只是消极被动的去适应，而人类能够有意识地积极主动地去认识、改造自然，能够最大限度地去利用自然。大自然中"因每一种物皆有种种属性，从而有种种用途，故同一生产物，可以作许多劳动

过程的原料。例如，谷物可以作制粉业者、制糊业者、造酒业者、畜牧业者等的原料……同一生产物，还可在同一劳动过程中，兼作劳动手段和原料。例如，在家畜饲养业上，家畜既为加工的原料，又为肥料制造的手段。一种已经完成而可供人消费的生产物，可变成别种生产物的原料，例如葡萄，可以作葡萄酒的原料"[1]。马克思曾这样描述：要探索整个自然界，以便发现物的新的有用性……采用新的方式加工自然物，以便赋予它以新的使用价值……要把自然科学发展到它的最高点。在那个时代，马克思已经认识到，先进的生产工具以及利用科学技术来改进新的生产工艺。

马克思给科学技术以很高的评价：采用新的方式（人工的）加工自然物，以便赋予它们以新的使用价值；要从一切方面去探索地球，以便发现新的有用物体和原有物体的新的使用属性，如原有物体作为原料的新属性；因此，要把自然科学发展到它的顶点。即，人类利用科学技术可以增加物质的数量和用途，从而使自然物得到越来越充分的利用。

与此同时，马克思很关注合理利用科学技术去进行实现资源可持续利用问题。马克思认为人类可以利用科学技

---

[1] 马克思：《资本论》第1卷，三联书店2009年版，第112—113页。

术，循环利用工业原材料。在他看来，资本主义生产产生了大量的工业废物，而这些东西的存在既破坏了环境也造成资源浪费。因而，依靠科学技术的进步，去发现或揭示那些废物的新的有用的性质，就可以利用工业本身和其它行业中的废物作原料，这样一来不但可以减少自然环境污染，而且还可以实现资源最大利用。马克思说，化学工业提供了的废物利用是最显著的例子。它不仅发现新的方法来利用本工业的废料，而且还利用其他工业的废料，例如，把以前几乎毫无用处的煤焦油，变成苯胺染料，茜红染料（茜素），近来甚至把它变成药品。从化学工业中排放出来大量的废物，这些废物如果直接丢弃到大自然中，对自然界和人类来说都是灾难性的。然而，这些废物，"几乎在每一种产业上都是重要的"。利用科学技术的进步，不断发明和使用新的生产工具和新的工艺方法，使那些在原有形式上本来不能利用的各种废料，在一种新的生产过程中获得了新的使用价值。现代人们常说，"垃圾是放错了位置的原料"。当代科学技术和工业发展的事实说明，有越来越多的废物经过深度开发和循环利用，既变成了有用的产品，又减少甚至避免了对自然环境的污染。

马克思认为人类应该积极征服、利用自然界，要从中发现更多物的新的有用属性，要大力发展科学，运用科学技术来探索改造自然界，并通过科学技术来发现自然界各种物体的新的有用属性，在充分利用物体的各种属性的基础上实现自然资源的循环利用。马克思强调正确理性地运用科学技术对于社会发展、人与人之间物质交换顺利进行的重要作用。但同时，马克思也指出，必须把科学技术的发展利用与社会制度联系在一起。也就是说科学技术只有在共产主义社会制度下，才能得以合理地利用，才有益于人类社会的发展，有益于人与自然的和谐统一。

三、变革社会制度实现人与自然的和解

自然异化是指人类不合理的生产实践活动导致的自然生态系统的严重破坏或失衡的问题，并对人类的生产生活产生严重影响。马克思在《手稿》中谈到，自然的异化剥夺了人的最基本的生活需要，甚至对新鲜空气的需要在工人那里也不再成为其需要了。人又退回到穴居，不过这居穴现在已被文明的污浊毒气污染，而且在穴居中也只是朝不保夕，仿佛它是一个每天都可能离他而去的异己力量。作为"人的无机身体"，自然界是通过劳动产品进入人的历史领域的，其

主要功能之一就是为人类提供最基本的物质生活生产资料。然而，在自然异化条件下，人的最基本的衣食起居的物质生活需求也得不到满足。人与自然的异化表现为对自然环境的严重污染。"光、空气等，甚至动物的最简单的爱清洁的习性，都不再成为人的需要了。肮脏，人的这种腐化堕落，文明的阴沟，成了工人的生活要素。完全违反自然的荒芜，日益腐败的自然界，成了他的生活要素"。这说明人类赖以生存和发展的生态环境遭到严重污染，新鲜的空气、身体所需要的阳光不再是人的基本的生活要素，污浊的空气、肮脏的水构成了人的生活环境，被污染的自然环境不再成为人的存在的本质，当然也就与人处于异化对立的状态。自然异化在人对自然界的感觉和感情上也有所体现。工业发展带来的环境污染对秀美的自然风光和可爱的生灵造成极大的摧残，使人无心欣赏自然风光，导致了人与自然关系的极大疏离，压抑了人对自然界的审美感。

近代以来科学在生产中应用带来财富的激增，都使人们有理由相信获得未来的幸福，人类意志具有了征服自然的自信。但这种把自然作为征服对象，以感性的态度为参照系，把自然事物当做满足人的欲望的工具，必然造成人与自然关系的失衡。"一个非常重要的情况是：事实上，对自然界的统治，无论如何，只是通过对人的统治才实现的"，自然界的异化状态以及进化程度都受到社会因素影响。"不是神也不是自然界，只有人本身才能成为统治人的异己力量"，当自然界被看成是外在于人的机械运动时，是不可能从"人化自然"的思维角度出发去考虑整个自然系统（包括人本身）的不平衡，人和自然的功利性态度不可避免地陷入主体性原则和客体性原则的抽象对立中。导致人性丰富性的丧失和人的物化，人与自然的双重异化。自然在被人的目的降低为单存物质之后反过来对人报复，结果表现为人只有通过不断增加对自身本性的压抑，才能获得对自然的支配这样人所无法预料的结果。

资本主义社会的私有制和旧式分工的存在，导致不同利益集团的分裂与对立，这种对立与冲突必然导致社会无序竞争状态愈演愈烈，要想在这种竞争中立于不败之地，不同的利益集团对自然资源的肆意掠夺就会愈加激烈，这就必将造成自然资源的枯竭、环境污染的加重，进而导致人与自然关系方面的生态失衡问题加重。在现实中，从控制自然中获得利益的分配总是不公平的，无论人类控制自然达到何种程度，社会阶级分化的内部冲突都使得人们的生产系统不可能处于他们的控制之下。

当代人和自然的双重异化，在扭曲了自然面貌的同时，也限制了人性无限性的伸张，人性的崇高变得无从展现。人作为人，需要在有限实在的自然中展现出无限，以一种审美和诗意的艺术维度去提升和扬弃单纯的实践态度。在人化自然的理解之中，表现出理论态度与实践态度的相互渗透，在人与自然二者的融合的关系之中，导引出人化自然的进展，并走出异化的状态。日益严峻的生态危机正是由社会问题引发的、由经济利益驱动的。根据马克思的人化自然观，既然资本主义私有制度导致了自然异化，那么要真正富有成效地解决自然异化问题就要变革资本主义私有制度，马克思指出"单是依靠认识是不够的。这还需要对我们现有的生产方式，以及和这种生产方式连在一起的我们今天的整个社会制度实行完全的变革"。当然，这应该建立在生产力充分发展的基础上。马克思指出了消除人与自然异化，协调好人与自然关系依赖一定的社会物质基础。

劳动异化的消除，必须先使社会生产力发达到社会分工自觉消灭，分工的消失才会使异化劳动的基础不复存在。分工所包含的个人劳动的单一性和人的需要的全面性的矛盾、私人劳动和社会劳动的矛盾得到消除。劳动的社会性就不再以物物交换这样的异己间接形式表现，而是成为直接的现实性。而这一切的基础是生产资料公有制的建立，只有在生产资料公有制的条件下，人们才能在利益一致的基础上实行自由的社会联合，从而使根据社会需要调节生产成为可能，才会超越利己的社会关系对人的统治，劳动才成为消除异化的自由的活动。生产资料私有制的消除，才能使劳动能够成为普遍性而非狭隘性的活动，任何人都不能享有劳动条件、劳动产权的特权，从而消除异化的可能。人与人之间关系的异己性得到全面克服的可能。

第二节　马克思人化自然观与中国现代化

一、中国现代化面临的生态环境问题

中共十八大对我国生态文明建设的形势作了科学的分析，我国生态文明建设近些年来的确取得了重要进展，但依然处于社会主义初级阶段，经济发展面临着越来越突出的资源环境压力，人民群众对良好生态环境的要求越来越迫切，生态环境、资源能源状况不容乐观。人类是万物之灵，人类是聪明的，但是聪明反被聪明误，人类已经在错误的道路上走得太远了，我们再不能陶醉于征服自然的胜利之中。目睹人与自然关系的日益紧张以及由此造成的人类自身发展中的全面紧张局面，人们不得不反思已经走过的发展道路，尤其是"先污染后治理"，"先破坏后修复"，"吃祖宗饭，断子孙粮"的工业文明之路。于是一种新的文明理念应运而生，即生态文明。生态文明是一种更高级的文明，是对工业文明进行反思和扬弃的产物，是以信息产业的发展和知识经济的崛起为标志。其宗旨是积极改善和优化人与自然的关系，建设有序的生态机制和良好的生态环境。生态文明的核心是人与自然和谐。中华文化最强调天地人的和谐相处，既要金山银山，也要绿水青山——这是百姓对"美丽中国"的最直观解读。十八大报告首次单篇论述"生态文明"，把生态文明建设摆在总体布局的高度来论述，表明中国共产党对中国特色社会主义总体布局的认识深化了，也彰显了中华民族对子孙、对世界负责的精神。马克思的《手稿》距今已一百六十多年了，人类的生产力在征服和改造自然中获得了长足的发展。但当人类陶醉在自身的"文明"中时，却发现由于对自然贪婪式、掠夺式开发利用，造成了人与自然日益严重的"异化"关系。对此，恩格斯早就告诫我们："不要过分陶醉于我们人类对自然界的胜利。对于每一次这样的胜利，自然界都对我们进行报复。"我们国家在发展的道路上，也出现过马克思提到的人与自然相异化的问题。

科学技术的进步是推动社会发展的强大动力。然而，片面、单纯地把科技作为征服自然的利器，在取得重大成就的同时，绝对人类中心主义蔓延，忽视了人文精神，导致了蔑视自然、虐待自然思想的抬头，把自然界当作取之不尽并可肆意挥霍的材料库和垃圾桶，巧取豪夺，竭泽而渔地大规模征服自然的做法，终于导致了自然大规模的报复，环境污染、生态失调、能源短缺、城市臃肿、交通紊乱、人口膨胀和粮食不足等一系列问题，日益严重地困扰着人类。

早在1972年，联合国人类环境会议就提出了"只有一个地球"的口号，《人类环境宣言》中提出"人类业已到了必须全世界一致行动共同对付环境问题，采取更审慎处理的历史转折点"。良好的生态环境是人类生存和繁衍的前提和基础，是社会文明发达的标志，中国现代化进程中成绩是显著的，但是在我国经济有了巨大的发展，人们的生活水平得到了极大的提高的同时，也存在一些严峻的问题，尤其是生态环境问题。目前中国生态环境问题主要表现在以下几个方面：

其一，自然环境遭到严重污染。

自然环境污染主要表现为空气污染、水污染、土地污染。据统计，全国SO_2排放量的90%、烟尘排放量的70%、CO_2排放量的70%都来自燃煤。目前，我国SO_2排放量占全球总排放量的15%，居世界第一位，CO_2的排放量占全球总排放量的13%，居世界第二。2012年上半年环保重点城市空气污染物监测中，有近三成的城市空气质量劣于国家二级标准；全国酸雨面积约占国土面积的12.6%，人民身体健康受到一定损害。我国的生态环境已临近阈值，难以支撑当前的高污染、高消耗、低效益生产方式的扩张。我国的水也遭受了严重污染，在水污染方面，"全国七大水系近一半的监测河段污染严重，86%的城市河段水质超标。我国符合饮用水卫生标准的水仅占10%，基本符合标准的占20%，不符合饮用水标准的达70%。以地下水为饮用水的城市，90%以上的地下水受到不同程度的污染，而且污染逐年加重。[①]"目前我国大江大河、湖泊和中小河流都遭受了不同程度的污染。水污染也是多种因

[①] 魏菊梅：《我国面临的环境问题及对策》，《中华建设》2010年1期。

素相互交织的结果。在城市，生活污水和工厂废水通过下水道流入河流和湖泊中，大量消耗水中可溶解氧，给水中生物的生产带来严重影响。另外，一些工业废弃物中的有害物质渗透到地下水或河流中，就可能使河流与湖泊的水产生对人体健康有毒的物质和有害的微生物。

  土地在我国也遭受了严重污染，土地持久肥力的丧失、土壤沙化、水土流失以及建筑面积的增大带来的耕地面积的减少等都是土地污染的主要表现。在我国水土流失面广、量大，随着水土流失的加剧，土层有效持水量降低、热量状况变劣，裸露土地温度升高，土壤调节水分的功能也随之下降，影响水资源利用，进而导致水旱灾害加剧。五十多年来，我国从南到北，旱灾发生的频率也呈现逐渐增加的趋势。近十年来全国平均耕地受旱面积达到2.9亿亩，成灾面积达到1亿多亩。

  我国土地荒漠化速度加快，目前，中国是世界上荒漠化面积大、分布广、受荒漠化危害最严重的国家之一。土地荒漠化4 000年前就曾出现过，举世闻名的黄河是中华民族的摇篮，几千年的优秀文化就是在这里哺育成长的，到周代时，这里的森林覆盖率曾经达到53%。但是由于盲目开发，森林大面积被破坏,到解放前夕,森林的覆盖率只剩下3%,就这仅有的3%,还继续遭到破坏,林木苍翠的黄土高原已经变成了光山秃岭。一些地区沙化土地仍在扩展,因土地沙化每年造成的直接经济损失高达五百多亿元人民币,全国有近四亿人受到荒漠化沙化的威胁,贫困人口的一半都生活在这些地区。土地荒漠化已成为中华民族的心腹大患之一。

其二,自然资源被过度开采。

改革开放三十年多来,虽然我国经济取得了举世瞩目的成就,但是由于对经济发展规律认识不够深刻,过分追求眼前和局部的经济利益,有关部门基本上没有对如何开发和利用自然资源进行合理规划和科学指导,导致了自然资源被过度开采。其严重后果主要表现为:石油、煤炭、天然气等重要能源日益匮乏,各种矿物蕴藏量日趋减少,森林覆盖率不断降低,"吃了祖宗饭,断了子孙粮"。同时,愈来愈多的人口需要越来越多的能源消耗,从而又给自然资源的开采带来巨大压力。人类的一切活动都离不开能源,我国对能源和资源的需求也越来越大,例如部分地区地下超采,水位下降,造成一些地区饮水困难。除此之外,森林的锐减给人类造成了严重的问题。为了解决木材危机,人类又发现了煤炭这种新的能源。学者冯之浚在《生态文明和生态自觉》一文提到："在资源总量方面，我国石油储量仅占世界1.8%，天然气占 0.7%，铁矿石不足9%，铜矿不足5%，铝土矿不足2%。在人均资源量方面，我国人均45种主要矿产资源为世界平均水平的1/2，人均耕地、草地资源为1/3，人均水资源为1/4，人均森林资源为1/5，人均石油占有量仅为 1/10"。其他资源则更低，若世界面临能源危机的话，我国的问题将更为严重，国内资源已难以支撑传统工业的持续增长。

其三，动植物种类快速灭绝。

由于人类活动的影响，尤其是人们乱伐森林、滥垦草原，以及环境污染，造成了野生动植物栖息地或生长地的丧失和生活环境的恶化，再加上人们滥捕滥猎野生动物，使世界上许多种野生动植物已经灭绝或濒临灭绝。据资料表明，目前地球上物种灭绝的速度比形成的速度快100万倍。中国是野生动植物十分丰富的国家，但是，中国生物的多样性如今正面临严重的威胁。"据初步统计显示，我国已有近200个特有物种消失，而目前处于濒危状态的动植物物种为总数的15%—20%。而且，有研究表明，一种生物灭绝将导致10—30种其他生物消失，也就是说，我国动植物的灭绝可能导致恶性循环"①。伴随经济高速发展而来的对自然的掠夺式开采利用已经对我国的自然资源环境造成了严重的破坏，恶化了人类生存和发展的环境。"据有关资料介绍，我国现在沿海赤潮年发生次数比1980年增加了3倍；1/5的城市空气污染严重；酸雨影响面积占国土面积的1/3，近年有加重趋势；沙漠化、洪涝灾害相当严重；气候变暖等"②。

  自然资源日益枯竭和生态环境遭受严重破坏越来越成为人们关注的焦点，建设生态文明在我国当前有着刻不容缓的迫切性。马克思的人化自然观蕴含的丰富生态思想，是我们解决这一问题的思想宝库。我们用马克思的人化自然观的有关思想审视我国恶化的生态环境，从马克思的人化自然观思想中追寻指导人的实践活动的思想资源与"火花"，使马克思有关人化自然的论述，在指导中国生态文明建设上彰显时代力量。十八大报告提出"建设美丽中国"，就是顺应时代发展潮流，对人民群众日益增长的生态诉求的积极回应，彰显了我们党执政治国的新理念，显示出增进人民福祉、推动

---

  ① 陈喜道：《马克思的人化自然观及其当代意义》，武汉理工大学出版社2009年版，第150页。

  ② 贾华强：《要切实建设生态文明》，《中国绿色时报》2008年11月1日。

科学发展的坚强决心。

二、马克思人化自然观与当代中国的可持续发展战略

人化自然在当代社会实质就是可持续发展，人化自然本身应是一种世界历史性的存在，人类的世界历史性发展相应促进人的实践能力的提高，对自然界的改造范围和程度更大，尽管人类的世界历史性发展不可避免地造成异化，但也为实现人化奠定了雄厚的基础。自然的解放与人的解放是一脉相承的，人解放了，就合乎人性发展，劳动便不再是异化劳动，正常社会人的劳动创造物自然必然是人化自然。人的解放是实现人化自然的前提，人化自然是扬弃了私有制社会现实并且合乎人性的自然界。在马克思看来，人化自然的实现必须实现人与自然的协调发展，它有两个基本要求：一是变革私有制的社会关系；二是调节不合理的人与自然的发展关系。我国是社会主义国家，公有制是根本，因此，在我国最需要的是调节那些不合理的发展关系，在这个意义上说，当今应该而且必须以可持续发展为根本理念。另外，自然环境本身的性质决定了必须由全人类的携手努力才能创造良好

的自然环境，世界大多数国家和地区也都在尝试从马克思的人化自然观的视角去揭示所在社会存在的种种现实危机，他们并没有放弃调节那些不协调的关系，而是提出了许多独到深刻的见解，为所在社会缓解人化自然的异化做出了一定的贡献，也为我国实现人化自然的社会实践提供了宝贵的经验启示。

新中国成立以来，我国始终坚持以马克思人化自然观为理论指导，注重在社会实践中不断探索新思路、新方法，以求更好地将马克思人化自然观与中国的现实实践相结合，实现人与自然的和谐发展。马克思的自然观是人化的自然观，是社会历史自然观。而可持续发展是要促进人与自然的和谐，实现经济发展和人口、资源、环境相协调，马克思的人化自然观是可持续发展的理论依据，并对可持续发展有重要的指导意义。

（一）是可持续发展观的理论依据

可持续发展既考虑当代人的需要，又考虑后代人的需要，是一种从长远目标出发的发展观。马克思人化自然观在研究人与自然的发展时，始终关注着自然资源的可持续性及其与人类生产劳动的重要关系，蕴含着丰富的可持续发展思想。

马克思认为，人与自然之间不是毫无关系而是紧密联系在一起的，人类应当认清自己的位置，人是自然界的一部分，是自然界的产物，人类必须依赖自然界生活，其活动必然要受到自然规律的制约与控制，一旦脱离自然界，人类的生存与发展都将无从谈起。因而，人类为了自身的长远发展，就需要协调好人与自然的关系，而协调好人与自然之间的关系就必须要求人们在认识、改造自然的过程中，一方面要充分发挥人的主体能动性，使之积极去索取和利用各种自然资源，满足人类之需；另一方面要遵循自然规律，按照自然规律办事，避免浪费自然资源，破坏生态平衡，污染人类生存发展的环境。只有人类按照自然规律办事，保护生态环境，保持自然资源的可持续利用，那么人类、社会和自然才能获得可持续性协调发展。

人类应该合理使用科学技术对废物进行循环再利用，减少废物污染，使人类拥有良好持久的生存发展的资源和环境，这也是马克思的一个蕴含可持续发展思想的观点。马克思认为，人类应该合理利用科学技术，一方面可以对废物重复循环利用使其成为人类生存发展的持久资源，减少人类面临资源短缺的困境；另一方面可以有效降低污染物的排放，给人类创造良好持久的生存发展环境。

随着改革开放的深入，我国经济迅猛发展，原来已经很薄弱的生态基础愈加脆弱。2011年12月20日，李克强在第七次全国环境保护大会上就当前环境保护存在的问题指出："我国正处于工业化中后期和城镇化加速发展的阶段，发达国家一两百年间逐步出现的环境问题在我国集中显现，呈现明显的结构型、压缩型、复合型特点，环境总体恶化的趋势尚未根本改变，压力还在加大。当前，一些地区污染排放严重超过环境容量，突发环境事件高发。"这充分说明，我国的环境可持续能力与世界发达国家相比仍有很大差距，仍然面临着极大的压力，这使我们认识到我国实施可持续发展战略的重要性和紧迫性。

我国政府非常重视可持续发展战略研究。1994年3月，我国政府推出《中国21世纪议程——中国21世纪人口、环境与发展白皮书》（以下简称《议程》），《议程》从中国的国情和人口、环境与发展的总体情况出发，提出了促进中国经济、社会、资源和环境相互协调的可持续发展的战略目标。1996年第八届全国人民代表大会第四次会议把可持续发展上升为国家重大战略目标。

党的十七大报告再次强调，"科学发展观的要求是全面协调可持续发展，所谓全面就是以经济建设为中心，全面推进经济、政治、文化建设，促进物质文明、政治文明和精神文明的协调发展，实现经济发展和社会全面进步；发展必须是协调的，协调发展就是统筹城乡发展、统筹区域发展、统筹经济社会发展、统筹人与自然和谐发展、统筹国内发展和对外开放，促进生产关系和生产力、上层建筑和经济基础相协调，促进经济、政治、文化建设的各个环节、各个方面相协调。发展必须是可持续的，我们要促进人与自然的和谐，实现经济发展和人口、资源、环境相协调，保证资源一代接一代的永续利用，保证人类一代接一代的永续发展。要满足人类的需要，也要维护自然界的平衡；要注意人类当前的利益，也要注意人类未来的利益。要改变那些只管建设、不管保护，滥开发、不治理，只顾眼前的增长、缺乏长远的打算，重局部利益、轻整体利益的错误做法，走上生产发展、生活富裕和生态良好的文明发展道路。"作为现代社会发展理论的科学发展观所蕴含的全面协调可持续发展观是以马克思的人化自然观为理论基础的。

全面协调可持续发展观的重要原则之一就是可持续的发展，要实现可持续发展就要协调人的主观目的和主观欲求。"社会的发展是一个人类与自然协调发展的过程，自然史和人类史彼此相互制约,一旦人与自然的和谐关系遭到破坏,社会的发展就会出现灾难性的后果。因此,人类在推动社会发展的过程中,应该把发展科学技术与生产力和保护生态环境有机的统一起来,把人类生活需要的内在尺度与生态环境规律的外在尺度有机地结合起来,提高人类利用自然的科学性与道德性,协调人类改造自然的行动,调整好人类改造自然的方向,建立起人与自然的全面和谐的关系,以利于我们星球的繁荣和人类自身的发展。"马克思告诫我们要合理地利用自然和改造自然,自然界中的资源是有限的,并非取之不尽用之不竭,环境的承载能力也是有限的,超过了一定的"度"就会带来一系列的生态问题。全面可持续发展是主体的合目的的需要和主观欲求,体现了一定的价值原则。因此,全面协调可持续发展就体现了二者的辩证统一。

要实现人和自然的和谐发展,就要彻底摒弃那种把人与自然绝对对立的传统"主客二分"的思维方式,牢固树立人与自然整体协调发展观念。马克思主义认为人类要生存,首先要进行物质生产。以物质生产为基本形式的社会实践是联系人和自然的最基本的纽带。因此人和自然的关系首先是实践的关系。而不应该把人和自然对立起来,盲目崇拜自

人化的自然

然和过度开采自然都是错误的。人是实践的主体，自然是人类实践的前提和条件，是人类改造的客体。马克思认为，自然界是人类生存和活动的自然条件的总和，是人类实践活动所指向的对象，是人类物质生产中的要素。随着人类实践的发展和深入，其范围会由小变大，程度会由浅入深。人是自然界的一部分，人的生存发展离不开自然界，人与自然相互联系、相互渗透，是作为整体而存在。在这个有机生态系统中，人类通过实践活动，在与自然不断进行物质、能量及信息的变换中，在人与人之间进行物质、能量及信息的变换中，不断地实现自身的自然本质。在马克思看来，人类作为理性的社会存在物，能够对自然进行能动的改造。作为社会存在物的人在认识自然、改造自然的过程中，其目的是为了人类的生存与发展，而人同时是自然存在物，人的自然属性使人离不开自然界。这就决定了人类为了更好地生存与发展，需要一个良好的环境。自然万物都处于相互联系中，发展的各种要素、各个方面既相互依存又相互制约，只有在协调中发展，在发展中协调，才能推动经济和社会、人口、资源和环境的可持续发展。这正是体现了马克思自然观中关于人与自然整体协调发展的观念。

（二）指引我国向可持续发展和生态文明建设转变

按照马克思的人化自然观，只有在未来共产主义社会，人类才可能真正做到"合理地调节他们和自然之间的物质变换"，而且是"靠消耗最小的力量，在最无愧于和适合于他们的人类本性的条件下来进行这种物质变换"。在当代社会发展条件下，想要向共产主义社会靠近，逐步实现人化自然，这就要求我们：

首先，要树立生态保护意识。纵观人类与自然的关系，我们可以得出人是自然的产物，整个人类史都是人与自然的交换史。在人类历史的发展过程中，我们要在掌握自然规律的同时，充分利用自然，善待大自然。我们不是自然的奴隶，也不能把自然当成奴隶，只有这样，大自然才能善待人类，自然灾害才能有所减少。

在这个问题上我们不仅要运用法律手段、经济手段、行政手段，还要充分利用道德手段。所谓运用道德手段就是要普及生态环境保护知识，提高人民的环境意识，树立良好的、健康的、科学的生态观，从而激发人们保护环境的道德责任感，唤醒人们保护环境的社会良知。

其次，要树立生态危机意识。人类在利用自然的同时也在侵犯自然，对自然资源过度掠夺，从而造成很多生态问题，诸如前面所提到的森林破坏、水土流失严重、大气污染程度日益加剧等。世界卫生组织和联合国环境署报告指出："现在有6.25亿城市人口生活在含硫烟气中，占世界人口总数的1/5，全球的大气污染已严重威胁人类的健康。生物多样性严重丧失。根据《世界资源报告（1987）》所提供的资料显示，由于人类活动对环境造成的破坏性影响。20世纪末，人类已经知道160万种动植物中大约有20%将会灭绝，根据国际自然和自然资源保护同盟几年前对世界各地濒危动植物的估计，大致有145种哺乳动物、437种鸟类、692两栖动物和爬行动物、400种无脊椎动物以及250种植物正处在灭绝的边缘。"这些触目惊心的数据告诉人类必须树立生态危机意识，思想意识是行动的指南，在科学思想的指导下发展是硬道理，发展是人类历史进步的最终决定力量，当然也不能像西方资本主义国家那种走破坏和掠夺的道路，而应该借鉴他们的合理有效的发展经验，反思我国的发展现实，可以看到，在发展上存在着片面甚至错误的观点。

改革开放以来，我国确实是以世界上少有的速度持续快速发展，经济总量大幅度跃升，人民的生活从温饱不足到今天已超越了总体小康水平。所以，只有继续坚持以经济建设为中心，不断解放生产力、发展生产力，才能为社会的全面进步和人的全面发展奠定雄厚的物质基础。同时也应当认识到社会发展不是仅指经济增长，不是以铺张浪费、破坏生态环境和不为子孙后代留后路为代价。早在20世纪80年代初，"可持续发展"的概念就被提了出来。1981年美国学者布朗发表了《建设一个可持续发展的社会》，他率先阐述了可持续发展的思想。1987年，世界环境与发展委员会公开发表了名为《我们共同的未来》的报告，在报告中将可持续发展予以定义：它应该是"既满足当代人的需要，又不对后代人满足其需要的能力构成危害的发展"。这个概念后来被广泛使用，它既体现了要立足发展，还考虑到对"增长极限"的警示，要求"发展"和"增长"必须是"可持续性"的。可持续发展实质上就是要求人类切实做到"合理调节他们和自然之间的物质变换"。

在党的十七大会议上，党中央根据国内外发展经验，立足我国现实发展状况，创新发展了马克思的人化自然理论，正式提出了科学发展观。作为科学发展观基本要求之一的可持续发展，即全面、协调、可持续地发展，在此基础上不断促进人的全面发展，实现人与自然的和谐相处。科学发展观是对马克思人化自然观发展创新的又一理论成果，它既强调了对自然界改造的必要性，又注重在改造自然的过程中实现人的全面发展。

在我国的实践中，要坚定不移地以马克思主义理论为指导，以经济建设为中心，实现人与社会的全面发展。自然是一个社会范畴，人的本质是社会性的，因此，只有在社会全面发展的基础上才可能促进人的全面发展，促进人与自然的和谐。在实际的社会生活中，坚持可持续发展，就是在发展的过程中，既要尊重经济规律，又要尊重自然规律，在进行了充分考虑资源和环境的承载能力之后，才可以加强对土地、水、森林以及矿产等自然资源进行合理的开发利用，以保护生态环境。胡锦涛指出，可持续发展就是促进人与自然的和谐，实现经济发展和人口、资源、环境相协调，为保证一代又一代人的永续发展，应该坚持走生产发展、生活富裕、生态良好的文明发展道路。应该牢固树立人与自然的和谐发展观念，为子孙后代们保留充足的生存条件和发展空间。因为人也是自然界的一部分，是一切生物的温暖摇篮，更重要的是人类赖以存在和发展的根本条件，保护自然和保护人类是同一个人化自然过程有机统一的两个方面。

生态文明是从社会宏观视域协调人与自然的关系，强调人的无机身体这个外部自然的解放。在我国，建设生态文明是党中央立足我国严峻的生态危机现状，在汲取各国保护环境和实践可持续发展的科学理念和经验，全面落实科学发展观的必然结果，同时也是对科学发展观内容的丰富和发展。2007年的党十七大报告中也已经提出："要建设生态文明，基本形成节约能源资源和保护生态环境的产业结构、增长方式、消费模式。"党的十七届五中全会明确提出提高生态文明水平。绿色建筑、绿色施工、绿色经济、绿色矿业、绿色消费模式、政府绿色采购不断得到推广。"绿色发展"被明确写入"十二五"规划并独立成篇，表明我国走绿色发展道路的决心和信心。2012年11月，在十八大报告中，专门用一个部分论述社会主义生态文明，并且提出要"全面落实经济建设、政治建设、文化建设、社会建设、生态文明建设五位一体总体布局"，首次提出建设"美丽中国"，以"实现中华民族永续发展"。党的十八大报告首次把"美丽中国"作为未来生态文明建设的宏伟目标，把生态文明建设摆在总体布局的高度来论述，表明我国对中国特色社会主义总体布局认识的深化，把生态文明建设摆在五位一体的高度来论述，也彰显出中华民族对子孙、对世界负责的精神。"四位一体"提出于2005年,胡锦涛于同年2月19日在针对省部级主要领导干部的一个专题研讨班上指出,"这表明,随着我国经济社会的不断发展,中国特色社会主义事业总体布局,更加明确地由社会主义经济建设、政治建设、文化建设三位一体发展为社会主义经济建设、政治建设、文化建设、社会建设四位一体"。

从"四位一体"到"五位一体",表明中国共产党将生态环境保护上升到国家意志的战略高度;就"五位一体"而言,则表明将生态环境保护融入经济社会发展的全局中。提法的变化,绝非文字上的演绎,其中实有深义。以"一体"来概括,表明各个领域的建设不可人为割裂,需要和谐推进。生态文明是社会整体文明不可分割的一部分。一个生态遭到严重破坏的国家,即便其经济高速发展、政治清明有为、社会和谐稳定,也只能说这是一个存在文明缺陷的国家。事实上,当生态不文明时,民众生活必受影响,难以谈及和谐稳定;当生态不文明时,经济的可持续发展也很可能成为一句空话。十八大报告以建设"美丽中国"作为对生态文明建设的期许,这无疑是一个美好的愿景。建设"美丽中国",不是消极地回归鸡犬相闻的浪漫田园,而是要将经济建设与生态环境保护协调起来，以积极的态度推进生态文明建设。胡锦涛指出，必须树立尊重自然、顺应自然、保护自然的生态文明理念，而且要坚持节约优先、保护优先、自然恢复为主的方针，"给自然留下更多修复空间，给农业留下更多良田，给子孙后代留下天蓝、地绿、水净的美好家园"。要实现真正的国富民强，必须守住"绿水青山"。

与一部文明史相伴随的是人与自然的关系史，自从人类改造自然的能力愈加增强后，人类不再任由自然规律的摆布，尤其是科学技术得到空前发展，人类从自然中获取了越来越多的物质财富，极大地促进了人类物质文明。改造自然、战胜自然曾经是家喻户晓的口号，然而发展中日益显现的问题使我们明白了，人定胜天只是一句豪言壮语，过去，人类对自然占用得太多，破坏得太严重，现在人类需要给自然以修复、疗伤的机会。在人类面临的严重生态危机之时，不得不重新思考人与自然的发展关系，政治文明和精神文明还不足以解决当今陷入的困境，生态文明是中国走出困境，促进人与自然和谐，走向现代化发展，最终实现人化自然的必然选择。生态文明是真正能够协调人与自然关系的文明形式。在"生态化"引导下的物质文明，将努力减少经济活动过程中对自然界维系自身稳定和系统循环的威胁，日渐形成生态环保的生产活动和消费方式；在"生态化"引导下的精神文明，将更加强调尊重自然、爱护自然、重视自然价值，在"爱"自然的主体意识中逐渐熏陶和培养人自身的自由全面发展，以达到淡化人类对物质的贪念；在"生态化"引导下的政治文明，将更加尊重各个利益主体的合理需求，坚持公平正义，避免资源分配不公、各种关系不平衡导致的误用滥用自然资源，以免破坏生态环境。所以，生态文明社会是"人同自然的完成了的本质的统一，是自然界的真正复活，是人的实现了自然主义和自然界实现了的人道主义"。

这才是我国在发展马克思人化自然观中的人与自然和谐共存和发展的终极追求。

三、马克思人化自然观对中国现代化建设的指导意义

在我国社会主义现代化建设中，人与自然的矛盾和冲突愈发尖锐。如果我们不予以重视，不采取措施，那么这势必严重制约我国经济的发展，甚至危及人类的生存。可以毫不夸张地说，这种不和谐已经到了不得不解决的地步。在这个

关键时候，马克思的自然观理论为我们指明了前进的方向。马克思人化自然观所阐述的人与自然的关系、人与社会的关系、客观自然界与现实自然界的关系对我国现在实现可持续发展、构建和谐社会有着重要的指导意义。

世界现代化是人类文明进程的最新篇章，中国作为世界的一部分，中国文明是人类文明的组成部分，中国现代化是世界现代化的组成部分。中国文明发展和现代化建设，已经并将继续遵循人类文明和世界现代化的基本规律。但是现代化也不是免费的午餐，而是有成本和代价的。就中国的发展方式来看，与工业文明的主流生存方式既有区别又有联系。我们从区别来看，我国当前的物质生产是为了满足人民日益增长的物质文化需要，而不是像西方国家那样，要追求利益的无限最大化；但是从联系看，我国要实现国家经济的现代化必然要与工业文明的主流生产方式相接轨，这就决定了我国现代化进程中工业文明必然与自然产生一定的矛盾，因此马克思的"人化自然观"对处理中国现代化建设中面临的生态问题具有十分重要的方法论意义。

（一）树立生态文明价值观，协调人和自然的关系

我国的社会主义制度为马克思人和自然关系思想从理论

走向实践提供了前提条件，但经济发展和保护自然环境之间的矛盾始终是存在的，在实践中仍有许多难题需要我们去破解。归根结底，人们应转变旧有的人类中心主义、自然中心主义，深化对人和自然协调发展的理论认识。这也是马克思人化自然观的内在要求。深化对人和自然协调发展的理论认识，要求我们既要认识到人类对自然资源的开发利用要与自然的再生能力相协调、对自然资源的消费要与自然的承载能力相协调、对污染物的排放要与自然生态系统的自净能力相协调，也要认识到人类的活动要与自然规律相协调。

生态文明是人类文明的一种新形态，是对现代工业文明的反思和超越。从这个意义上说，生态文明是一种后现代的"后工业文明"，它谋求人类共同利益，追求人和自然共同福祉的文明，强调的是人和自然的相互依存、相互促进、共处共荣。无论是20世纪60年代把人和自然的和谐看作技术问题，还是70年代把它看作是经济问题，都是以人类自身的生存和发展为中心的，没有把人和自然的和谐、社会经济系统和自然生态系统的和谐作为发展的根本内容，因此在思想观念上依然是现代的输赢思维的产物。当代的各种全球问题，归根到底是由历史上人类不合理的实践造成的。这种不合理的实践首先是一种在不正确的认识导引下的实践。十八大报告提出，必须树立尊重自然、顺应自然、保护自然的生态文明理念，而且要坚持节约优先、保护优先、自然恢复为主的方针。而从某种意义上说，社会进步正是体现为文明的转型。社会主义生态文明提倡人是价值的中心，但不是自然的主宰，人的全面发展必须促进人和自然的和谐，这符合马克思主义对未来社会人和自然关系的期许，是当前处理好人和自然关系的正确途径。为了促进国民经济的又好又快发展，建设人民群众生活的美好家园，我们必须树立生态文明的价值观，保护社会环境。然而，目前在我国爱护环境、保护环境、建设环境的良好社会风气还没有形成，以眼前发展损害长远利益、以局部发展损害全体利益等牺牲环境、破坏资源的短视行为仍然在一定范围内存在。这种不合理的实践行为是受人们的片面自然观和利己价值取向影响的，体现了人们还没有从思想上对保护生态环境引起足够重视。所以，要建设生态文明，协调人与自然之间关系，必须牢固树立保护环境的思想，加大对生态环境的保护力度。

自然环境遭受破坏的严重现实，已经使人们逐渐意识到保护环境的重要性，环保意识已经有了较大提高，环境保护工作已经在一些地方展开，建设资源节约型、环境友好型社会在一些地方，特别是社会经济发展水平较高的沿海发达地区有了比较广泛的群众思想基础。我国政府充分利用广播、电视、网络等大众媒介广泛开展环境保护知识宣传，进一步促使人们树立保护环境的观念。例如，世博园区的地球生命之馆，通过视频，将生态环境被破坏的严峻现实以生动、感性的形式呈现于人们面前，使参观者感到触目惊心，受到了强烈的震撼，接受了良好的环保教育。就我国生态文明建设而言，协调人和自然的关系就要"坚持节约资源和保护环境的基本国策，坚持节约优先、保护优先、自然恢复为主的方针，着力推进绿色发展、循环发展、低碳发展，形成节约资源和保护环境的空间格局、产业结构、生产方式、生活方式，从源头上扭转生态环境恶化趋势，为人民创造良好生产生活环境，为全球生态安全作出贡献"。这也意味着，未来必须要从单纯重视经济增长转向经济发展与保护环境并重；从环保滞后于经济发展转向环保与发展经济并行；从主要通过行政办法保护环境转向综合性地运用法律、经济，以及行政办法保护环境。倘若这些转变不到位，倘若生态文明建设不到位，则"五位一体"的布局或将落空，"美丽中国"的愿景也会落空。

（二）促进科技与经济结合，转变经济发展方式

面对过去以对自然资源的过度索取，以牺牲环境为代价获取财富数量增长的这种高消耗、低效益和高污染排放的传统的经济发展模式，我们必须利用科学技术，尽快转变我们的经济增长方式，把自然从经济增长的牺牲品中解放出来，走一条新的现代化的可持续发展的经济发展道路。即建立一个能够将环境保护纳入到经济发展中的，资源低消耗、环境低污染、经济高效益的资源节约型国民经济体系，提高资源的利用率和单位资源的人口承载力，保护资源，降低消耗，减少破坏和浪费，提高社会的可持续性。提倡这个经济体系不是一时的，而是长期的、战略性的措施。为此，必须坚持走中国特色社会主义生态文明发展道路。这条道路的实质就是要实现"低投入、低消耗、低排放、可循环、高效益、可持续"的绿色发展。"坚持节约资源和保护环境的基本国策，坚持节约优先、保护优先、自然恢复为主的方针，着力推进绿色发展、循环发展、低碳发展，形成节约资源和保护环境的空间格局、产业结构、生产方式、生活方式，从源头上扭转生态环境恶化趋势，为人民创造良好生产生活环境，为全球生态安全作出贡献。"

人化的自然

马克思告诉我们，劳动首先是人和自然之间的物质变换过程，是人以自身的活动来引起、调节和控制人和自然之间的物质交换的过程。马克思不仅主张人通过劳动制约、控制人与自然的物质代谢关系，而且强调合理地调整和控制这种物质代谢关系，避免破坏人与自然的和谐关系。这种自然观要求我们在社会生产生活中必须考虑资源和环境的承受能力。马克思关于如何节约和合理使用有限的资源、如何正确对待科学技术的相关思想，对当前建设生态文明有着重要的指导意义。落实到具体的实践中，这就要求我们要加强各方面的投入，在体制、法制、政策、管理和行动上给予保障和贯彻实施。特别是科学技术的投入，要大力发展绿色技术，加大自然资源的保护与管理，开发绿色技术，降低消耗、减少污染，治理污染和改善生态技术体系。还要建立环境预警和应急处理体系，加强环境科学研究和技术开发。一方面是为了控制治理污染，降低环境的破坏程度，另一方面，也要深化对自然的认识，提供对自然规律的认识水平，能够有效的预测大规模的自然灾害，及时转移有毒有害污染物，减轻对人类和自然的伤害，让日本核泄漏的悲剧不再上演。

无论是自然资源的过度消耗，还是大量废弃物的产生、生态环境的严重污染，其根源是落后的经济增长方式和不合理的产业结构。所以要保护生态环境，走人与自然和谐发展的道路，就要把保护环境的思想纳入到生产生活过程中去，纳入到生产方式转变和产业结构的调整中去。对于如何通过充分发展科学，借提高科学技术来减少生产过程对自然界的污染，马克思的人化自然观启示我们，针对当前我国经济发展方式中仍普遍存在的依靠增加生产要素量的投入来扩大生产规模，实现经济增长的现象，要扭转这种消耗较高，成本较高，产品质量难以提高，经济效益较低的局面，应充分利用科技进步来推进低碳技术的发展。低碳技术是以低能耗、低污染、低排放为基础的技术，它的实质是能源高效利用、开发清洁能源，追求绿色GDP，核心是能源技术创新、制度创新和人类生存发展观念的根本性转变。在生产领域中推进低碳技术的应用，一方面，应依托现有最佳实用技术，淘汰落后技术、推动产业升级，实现技术进步与效率改善；另一方面，大力推动相关技术创新，寻求技术突破，以更大限度提高资源生产率及能源利用率。在消费领域低碳技术的应用能推进消费方式和生活方式的转变，这同样是当前转变经济发展方式的应有之义。转变生活方式还应以适度消费代替过量消费，还可以精神的价值代替物质的价值。传统生活方式的核心价值是物质主义的，它把满足人的无限的物质欲望作为第一目的，采用各种手段去发掘、诱导和满足感官物质享受，结果必然导致对自然资源无休止的索取。精神生产和消费本质上是促进人的内资精神力量发展的生产和消费，是真正的、地地道道的把人的发展作为"内在目的"的生产和消费，只有这样才能使人得到全面发展。只有这样才能使资源能源由高消耗变为低消耗、废弃物由高排放变为低排放、环境由重污染变为清洁、优美的宜居环境，从而真正实现生产发展、生活富裕和生态良好。十八大报告所理解和规划的生态文明，从"尊重自然、顺应自然、保护自然"的理念，到"融入经济建设、政治建设、文化建设、社会建设各方面和全过程"的指引，再到"绿色发展、低碳发展、循环发展"的路径，早已超越了单纯的节能减排、节约资源、保护环境等问题，而是上升到实现人与自然和谐共生、提升社会文明水平的现代化发展高度，并且体现为工作部署、发展目标、制度设计，涌动着与时俱进、改革创新的生态文明浪潮。

（三）建立健全利益导向机制，变革不合理的社会体制

十八大报告提出了要把资源消耗、环境损害、生态效益

纳入经济社会发展评价体系，建立体现生态文明要求的目标体系、考核办法、奖惩机制。建立国土空间开发保护制度，完善最严格的耕地保护制度、水资源管理制度、环境保护制度。针对我国生态政治意识偏低、生态政治机制不健全和生态政治监管不足等弱点，当前应着重加强我国生态文明的政治制度建设，提高生态政治意识、改革现有的生态管理体制、强化生态政治监管。

不合理的生产实践活动是导致生态环境问题的重要原因。历史上人类不合理的实践所导致的当代的各种全球问题，如森林砍伐问题、土地沙漠化问题、气候变化问题、森林中鹿群的消失问题、物种的商品化问题、污染问题、工业排污问题、有害物质的污染问题、循环利用问题、煤矿资源耗竭问题、疾病问题、人口过剩和物种进化问题等生态环境问题，究其原因，实质上是人与人之间不合理的社会关系，特别是人与人之间的利益对抗关系在人与自然关系上的极端化表现。因此，要真正地解决和克服当代的各种全球问题，恰如恩格斯在《劳动在从猿到人转变过程中的作用》一文中所说，单靠对自然规律的认识是不够的，还必须从根本上变革今天仍然妨碍着人们正确运用自然规律的资本主义的不合理的社会关系和社会制度。根据马克思在《资本论》里的分析，人与人的关系在作为人与自然关系呈现的同时，人与自然的关系又进一步作为物的商品属性呈现出来，这就是所谓的商品"拜物教"。对商品"拜物教"的崇拜，在没有法律制度的约束之下，驱使人们不择手段、不顾后果地以牺牲生态环境为代价追求经济快速增长。人们把自然界看作取之不尽、用之不竭的资源库，而没有看到自然资源的承受能力是有限的；把地球看作是具有足够净化能力的容器，而没有对废弃物给予足够重视。只要生产资料私有制存在，就存在个别利益与公共利益之间的矛盾，就存在永无止境地追求个别利益的冲动，就存在牺牲公共利益换取个别利益、牺牲公共资源和环境换取个人利益的动机，从而存在着把这种动机付诸实践的社会体制。因此，要让公众像爱护其他公共产品一样去保护生态环境，就必须通过国家这种社会共同体来制定相应的节约资源和保护环境制度。

在我国社会转型期，以GDP为导向的考核机制下，以消耗资源和牺牲环境为代价换来的经济增长，一方面给人民群众的生产生活带来消极影响，另一方面给政府带来可观的政绩。面对日趋强化的资源环境约束，我国政府再不能对此置若罔闻。

生态恶化给人民健康带来的极大危害，可是在现实的GDP考核机制下，生态环境保护目标仍然敌不过GDP增长目标。因此，虽然解决导致生态危机的制度问题，是一个社会系统工程，但最直接的需要是建立利益导向机制，驱动整个社会能够向生态文明方向发展。对此，我国政府已经将节约资源和高效利用资源的思想贯彻到了国民经济和社会发展规划中，把建设资源节约型和环境友好型社会纳入政绩考核体系，把资源消耗和环境影响作为评价各级政府政绩的重要指标，建立健全奖惩机制，强化节能减排目标考核机制。完善市场价格形成制度，依据价值规律和供求关系准则，逐步较大幅度地提高资源特别是稀有紧缺矿产资源的价格，以抑制、调节资源消耗。改革统计评价体系和制度。要研究绿色国民经济核算方法，探索将发展过程中的资源消耗、环境损失和环境效益纳入经济发展水平的评价体系，建立和维护人与自然相对平衡的关系。

当前中国的社会管理体制正在从传统体制向现代管理体制转变，传统体制下的社会管理依靠政府的权威实现社会控制，而在市场经济条件下，利益关系多元化，个人拥有较多自由选择的权利，社会管理要通过法律、规范以及文化来形成和谐的秩序，通过发挥企业、民间组织和个人的责任，在政府、企业、民间组织等各方面的良性互动中形成有效的公共治理。要特别强调正确处理政府和民间组织之间的关系，发挥民间组织的作用。政府要积极稳妥地发展社会民间组织，逐步把一些传统意义的社会管理职能以多种形式下放给一些非政府、非营利性组织承担。民间组织是公众参与的重要形式，在搞好环保工作、推动生态文明建设方面具有不可替代的作用。公众参与应该渗入环境保护的每一环节，对此，政府应该公开信息，畅通环境信息获得的渠道，使公众获得必要的环境信息；提升环境保护团体参与环境保护的能力，使环保团体成为公众参与环保的桥梁和中介，从而让公众能够切实参与到环保的各个环节，以社会公众的力量监督环境权力的行使，阻止环境权力的异化和纠正环境决策和环境行政等环节可能出现的错误。

（四）完善法律法规，促进生态环境法治建设

长期以来，我国的生态环境立法不同程度地存在着体系不完善、法律规定操作性不强等种种问题，既影响了法律的实施效果，也给执法带来很大的困难。当前生态环境法治建设必须对现行生态环境立法加以重新整合；在全社会形成"普遍守法"局面，要着力提高公民和执法者的生态环境守法意识。

首先，制定和完善各项生态法律法规。生态环境法治建设应建立在充分尊重自然规律的基础上。恩格斯曾在《自然辩证法》中这样告诫过我们，每走一步都要记住：我们统治自然界，决不像征服者统治异族人那样，决不是像站在自然界之外的人似的，相反地，我们连同我们的肉、血和头脑都是属于自然界和存在于自然之中的。虽然人类可以发挥主观能动性，把握自然规律、改造客观世界，但这一切都必须以尊重客观规律为前提。自然规律，即遵守资源有限性、万物相生相克、能量往返循环等便是生态环境立法者应遵循的规律。生态环境法治建设必须在遵循自然规律的前提下做出保护环境、分配资源的制度安排。

生态环境法治建设应坚持环境正义与公平的原则。实现人与自然的和谐发展，内在要求实现人与人之间的公平与正义。然而现阶段，我国人和自然之间的矛盾不仅束缚了经济社会高速发展，而且带来了较为尖锐的社会公平问题。第一，占有与分配自然资源上的不公平。自然资源被少数人和企业占有、开发，大多数人没有从中获得应有的利润和利益。第二，承担环境污染后果上的不公平。因此，我们在生态环境法治建设过程中，必须坚持环境正义与公平的原则，力争通过实现人际关系的和谐来实现人与自然的和谐。

其次,加强全民环境教育,用法律手段保护自然环境。

改革开放以来,地方政府在推动经济发展方面发挥了重要作用,取得了重大成就。但同时也要看到,我国人口众多,平均文化程度不高,很多人都没有认识到自然的重要性,对于保护环境更是事不关己,甚至有很多的领导干部也缺乏环境保护的意识,这样一来,在面对人与自然的矛盾时,人们往往就选择牺牲自然,满足于自身的利益需要。客观上形成了"重管理、轻服务,重经济、轻社会"的观念和体制机制,面对经济发展和环境保护,一些地方政府和企业也常常是牺牲环境以换取暂时的眼前的经济利益,甚至奉行地方保护主义,在进行重大经济发展规划和生产力布局时没有进行环境影响评价,或是知法犯法,做出明显违反环境法律规范的经济发展决策,舞弊或放任企业生产过程中已明显严重违反相关环境法律法规的行为。可以说,对于当前严重的环境问题的产生,执法不力有着不可推卸的责任。这不仅造成环境污染和生态资源破坏愈演愈烈的恶果,而且严重损害了政府在人民群众心目中的形象,动摇了群众对法律的信任。在当前建设生态文明的过程中这些都是绝不能容许的。

这就要求通过广泛的宣传教育使各级政府部门切实转变观念，去除经济增长就是发展的全部内涵，将经济发展与生态环境保护对立起来的错误认识。只有这样，严峻的资源环境压力才会传递到企业，令企业改变发展方式，承担起企业的社会责任、环境责任。在宣传教育的同时，也要加强执法力度，用法律法规严惩破坏自然环境的行为，用法律约束人们的行为，同时在教育感化中慢慢让人们自觉地养成习惯，从根本上改变这种只看经济增长蔑视生态环境的错误观念。

因此要强化环保部门的执法权力，提高环保部门的执法能力。赋予环保部门查封、冻结、扣押等必要的强制执行权力，使环保执法真正硬起来；赋予环保部门限期治理决定权；联合电力、公安、司法、金融、工商、水利、铁路等部门严厉打击环境违法行为，对拒不执行环保处罚的企业应果断执行限水、限电、限贷、限运等惩罚。各级环保部门要变"被动"为"主动"，不仅要"站得住"，而且要"顶得住"。只有形成一股强大的执法力量，彻底改变环保部门势单力薄、权力有限的现象，才能真正做到执法必严。

各级政府要加大环保投入力度，进一步加强环保执法队伍的建设。在资金上向环保工作倾斜，改变环保执法能力弱，装备差，监控手段落后的现状，增强执法队伍的执法能力。增强对必要的执法人员的培训，通过培训，使环保执法人具有相应的执法知识和能力；增加、更新必需的各种装备，以提高环保执法效率和质量。与此同时，加强环保执法队伍的业务素质建设和廉政建设，严把"人情关"、"金钱关"和"权力关"，杜绝环保执法人员与环境违法企业有金钱来往或在执法过程中滥用职权的现象，将环保执法队伍打造成一支敢作敢为、敢打硬仗、善打困难仗的强兵。

当然，仅仅依靠法律制度层面是不够的，社会文明更需要文化素质和道德修养的提高来塑造，彻底改变人类对自然的旧的价值观念，从人的伦理道德的角度，规范人的行为，建立一种以节俭、环保、可持续发展为标准的社会伦理道德，只有这样，我国的社会主义可持续发展才是真正的建立了起来。

综上所述，当代中国的生态文明建设应该持开放的态度，向人类的一切优秀的文化开放，既向西方开放，也向东方开放，既向社会主义开放，也向资本主义开放，既向过去开放，也向未来开放。人类只有一个地球，关注本国本地区的生态文明建设和发展，就是关注全球生态的总体发展，建设本国本地区的生态文明，就是为全球生态文明建设贡献力量。

参 考 文 献

［1］马克思恩格斯选集（第1—4卷）［M］．北京：人民出版社，1995.

［2］马克思恩格斯全集（第1卷、第44卷）［M］．北京：人民出版社，1995.

［3］马克思恩格斯全集（第3卷）［M］．北京：人民出版社，2002.

［4］马克思恩格斯全集（第23卷）［M］．北京：人民出版社，1972.

［5］马克思恩格斯全集（第31卷）［M］．北京：人民出版社，1971.

［6］马克思恩格斯全集（第32卷）［M］．北京：人民出版社，1974.

［7］马克思恩格斯全集（第20卷、第40卷、第42卷、第46卷）［M］．北京：人民出版社，1979.

［8］马克思. 资本论（第1卷）［M］. 北京：人民出版社，1972.

［9］马克思. 资本论（第2卷、第3卷）［M］. 北京：人民出版社，1975.

［10］马克思. 1844年经济学哲学手稿［M］. 北京：人民出版社，2000.

［11］马克思. 博士论文［M］. 北京：人民出版社，1996.

［12］马克思，恩格斯. 德意志意识形态（节选本）［M］. 北京：人民出版社，2003.

［13］［德］黑格尔. 自然哲学［M］. 北京：商务印书馆，1980.

［14］［德］费尔巴哈. 费尔巴哈哲学著作选（下卷）［M］，商务印书馆，1984.

［15］马克思. 德谟克利特的自然哲学与伊壁鸠鲁的自然哲学的差别［M］. 人民出版社，1961.

［16］解保军. 马克思自然观的生态哲学意蕴［M］. 哈尔滨：黑龙江人民出版社，2002.

［17］张一兵. 回到马克思［M］. 南京：江苏人民出

版社，1999.

［18］陈喜道. 马克思的人化自然观及其当代意义［M］. 武汉理工大学出版社，2009.

［19］陈新夏. 可持续发展与人的发展［M］. 人民出版社，2009.

［20］周林东. 人化自然辩证法［M］. 北京：人民出版社，2008.

［21］高光. 自然的人化和人的自然化［M］. 北京：中共中央党校出版社，1989.

［22］郑又贤、杨新华等. 马克思主义哲学新探［M］. 北京：社会科学文献出版社，2008.

［23］北京大学哲学系. 古希腊罗马哲学［M］. 北京：商务印书馆，1961.

［24］北京大学哲学系. 十八世纪法国哲学［M］. 北京：商务印书馆，1963.

［25］北京大学哲学系. 人与自然［M］. 北京：北京大学出版社，1989.

［26］李泽厚. 批判哲学的批判［M］. 北京：人民出版社，1979.

［27］张一兵. 马克思哲学的历史原象［M］. 北京：人民出版社，2009.

［28］［德］A. 施密特. 马克思的自然概念［M］. 欧力同等译. 北京：商务印书馆，1988.

［29］［美］卡逊. 寂静的春天［M］. 吕瑞兰、李长生译. 长春：吉林人民出版社，1997.

［30］［英］柯林伍德. 自然的概念［M］. 吴国盛译. 北京：北京大学出版社，2006.

［31］许耀桐. 中国基本国情与发展战略［M］. 北京：人民出版社，2001.

［32］史仲文等. 世界全史——新编世界经济史［M］. 北京：中国国际广播出版社，1996.

［33］刘祚昌，王觉非. 世界史近代史编［M］. 北京：高等教育出版社，2001.

［34］汪信砚. 当代视域中的马克思主义哲学［M］. 湖北人民出版社，2004.

［35］魏洪钟. 马克思主义自然观与可持续发展［J］. 自然辩证法研究，1998，14（1）.

［36］周泽之. 马克思主义自然观与可持续发展［J］.

湖北社会科学，2008（5）.

［37］杨金洲. 论马克思的自然观及其当代意义［J］. 中南民族大学学报（人文社会科学版），2008（2）.

［38］胡春风. 社会主义的价值取向与可持续发展［J］. 同济大学（社会科学版），2002（3）.

［39］解保军. 马克思"实践的人化的自然观"的多维度界说［J］. 哈尔滨工业大学学报（社会科学版），2002，4（3）.

［40］王丹、姜振华. 马克思自然观的当代释义［J］. 大连海事大学学报（社会科版），2009，8（1）.

［41］金维克. 论马克思的"人化自然"思想——读《1844年经济学哲学手稿》［J］. 学术交流，2003（10）.

［42］王金福. 实践中自然的人化与反人化［J］. 福建论坛（人文社会科学版），1994（3）.

［43］马捷莎. 可持续发展观与马克思自然观的契合［J］. 新视野，2006（6）.

［44］苏贤贵. 生态危机与西方文化的价值转变［J］. 北京大学学报（哲学社会版），1998，35（1）.

［45］赵玲. 自然观内涵新解［J］. 哲学动态，2001（3）

［46］韩安贵. 略论马克思关于人与自然的价值关系的

思想[J]. 学术研究, 2001（3）.

[47] 谢永康. 历史唯物主义的辩证结构[J]. 哲学研究, 2008（7）.

[48] 李万古. 自然界的人化和人的自然化辨析[J]. 山东师大学报（社会科学版）, 1999（3）.

[49] 滕福星. 自然的人化与人的自然化[J]. 工业技术经济, 1995, 14（5）.

[50] 徐文越. 自然的异化、物质变换与联合生产者——马克思生态观探析[J]. 湖北社会科学, 2010（3）.

[51] 肖中舟. 论马克思的自然观[J]. 武汉大学学报（哲学社会科学版）, 1997（1）.

[52] 邓喜道. 论马克思人化自然观的实践性[J]. 武汉大学学报（人文科学版）, 2007（6）.

[53] 吕世荣. 马克思自然观的当代价值[J]. 河南大学学报（社会科学版）2004,（3）.

[54] 黄宏. 马克思恩格斯的自然生态观与构建社会主义和谐社会[J]. 马克思主义与现实, 2007（3）.

[55] 杨学功. 如何理解马克思的自然观[J]. 江汉论坛, 2002（10）.

[56] 张之沧. 论马克思的实践自然观 [J]. 南京社会科学, 1995 (9).

[57] 李远力. 马克思"人化自然"观的创新意义及其现实启示 [J]. 中共浙江省委党校学报, 2010 (4).

[58] 任铃. 马克思主义自然概念的多重维度及现实意义 [J]. 广西社会科学, 2010 (4).

[59] 梅宗奇. 马克思自然观的当代意蕴 [J]. 科学社会主义, 2009 (6).

[60] 冯飞龙. 马克思的多维自然观与当代生态文明建设 [J]. 求实, 2009 (9).

[61] 文九, 邓喜道. 论马克思人化自然观的批判性 [J]. 马克思主义理论研究, 2006 (5).

[62] 熊冰雪. 解析马克思之人化自然 [J]. 东南大学学报（哲学社会科学版）, 2009 (6).

[63] 邓喜道, 文九. 马克思人化自然观在马克思主义哲学中的理论地位 [J]. 求索, 2006 (5).

[64] 冯之浚. 生态文明和生态自觉 [J]. 中国软科学, 2013 (2).

[65] 世界资源报告 [R]. 1987.